Das England-Lesebuch

Impressionen und Rezepte aus dem Land der Traditionen

Zu diesem Buch

Altehrwürdige Herrenhäuser, umgeben von gepflegten Parkanlagen, hübsche viktorianische Häuschen mit kleinen Erkern und Butzenfenstern, gerahmt von prächtig blühenden Hortensien. Herrliche Gärten mit üppigen Stauden und duftenden Rosen, englischer Rasen, so gleichmäßig, als sei er aus leuchtend grünem Samt. Duftender Tee dampft in feinen Porzellantassen, während die Wanduhr aus edlem Teakholz den Westminsterschlag ertönen lässt. Reiter im Jagddress, Soldaten in Gardeuniform mit Bärenfellmütze und die Queen im dezent rosa Kostüm – gemütliche Pubs mit knisterndem Kaminfeuer, nebelverhangene Moore, Schlossgespenster und wohlig-schaurige Kriminalgeschichten, klebrig-süße Toffees und schrullig-skurriler Humor: All das ist England. Dieses Buch führt Sie in ein liebenswertes Land, das reich ist an althergebrachten Traditionen und anheimelnder Behaglichkeit.

Almut Irmscher wurde in Wuppertal geboren, sie wuchs in Velbert und im grauen Mönchengladbach der Siebzigerjahre auf. Heute lebt sie mit ihrem Mann und drei Kindern im Bergischen Land. Ihre Reisebücher erzählen von Land und Leuten, von Spezialitäten und Besonderheiten. Es sind Reiseerlebnisse für alle Sinne.

Taschenbuchausgabe, 2. Auflage Oktober 2015

www.almutirmscher.de
Covergestaltung und Titelbild: © Dennis Irmscher, Wiehl
ISBN-10: 1502714612 ISBN-13: 978-1502714619

Almut Irmscher

Das England-Lesebuch

Impressionen und Rezepte

aus dem Land der Traditionen

Inhalt

Fotos aus England

finden Sie online im Fotoalbum auf

www.almutirmscher.de

Einführung

Gerne blicken wir ein bisschen amüsiert hinüber nach Großbritannien. Denn die Insel ist zwar ein Teil von Europa und durch die Jahrhunderte hinweg sind wir stets eng mit ihr verbunden gewesen. Und doch erscheint uns England mitunter wie eine ganz andere Welt.

Die Britische Insel besteht aus Schottland, Wales und England, die zusammen mit Nordirland das Vereinigte Königreich bilden. Trotzdem denkt man meist unwillkürlich zuerst an England. Denn mit seiner bewegten und stolzen Geschichte hat England die Entwicklung Europas ganz maßgeblich geprägt. Hier stand die Wiege der modernen Demokratie und hier begann mit der Industrialisierung ein neues Zeitalter, das die ganze Welt veränderte.

Die Engländer gründeten ein Empire, das zum größten Reich werden sollte, welches die Welt jemals sah. Ihre Kultur, ihre Philosophie und ihre Lebensart haben sie rund um den Erdball verbreitet.

Über viele von den Engländern so hochgeschätzte Traditionen schmunzeln wir, doch beim englischen Humor vergeht uns oft das Lachen. Von englischem Essen wollen wir nichts wissen, weil wir denken, da gäbe es nur Fish 'n' Chips in Zeitungspapier. Die Geschichten aus dem Königshaus und die Zeremonien im Parlament empfinden wir als skurril. Und doch schätzen wir die damit einhergehende liebenswerte Schrulligkeit und bewundern die sprichwörtliche englische Höflichkeit.

Wenn wir aber einmal genauer hinsehen, dann stellen wir schnell fest, wie tief die Engländer unsere europäische Kultur und unser Denken geprägt haben. In Politik und Literatur, in Mode, Musik und Popkultur ist Englands Einfluss gar nicht wegzudenken.

Dieses Buch erzählt von England und seinen Besonderheiten. Mit den einzelnen Geschichten tauchen Sie tief in die damit verbundene Atmosphäre ein und erfahren viel über unsere Nachbarn auf der britischen Insel.

Es ist kein Reiseführer, sondern ein bunter Strauß von unterhaltsamen Impressionen und lebendigen Themen rund um England. Ergänzende Eindrücke bekommen Sie im Fotoalbum auf

www.almutirmscher.de.

Zu guter Letzt wird unsere kleine Reise von einem abwechslungsreichen Reigen verführerischer englischer Rezeptideen abgerundet – bei weitem nicht nur von Fish 'n' Chips! Lassen Sie sich überraschen.

Willkommen im Land der Traditionen –
Welcome to England!

What a difference – die Entdeckung von England

Als ich 1976 zum ersten Mal nach England reiste, war ich sechzehn Jahre alt. Mit meinen Eltern besuchte ich London. Aus dem Radio erklang Elton John, der gemeinsam mit Kiki Dee „Don't Go Breaking My Heart" sang. Vor den wichtigen Gebäuden standen merkwürdig kostümierte, stocksteife Gesellen herum. Sie trugen riesige Bärenfellmützen auf den Köpfen und durften sich auch dann nicht bewegen, wenn die Touristen sich für Fotos neben sie stellten und affige Grimassen schnitten.

Carnaby Street sei etwas Besonderes, erklärten meine Eltern. Die Straße war voller bunter, überladener Läden, die jede Menge Souvenirs verkauften. Ich erstand eine Tasse, auf der das stilisierte Netz der Londoner U-Bahn abgedruckt war. Die Tasse hieß „Mug" und war deutlich größer als alles, was wir damals in Deutschland als „Tasse" bezeichneten. Was die Besonderheit dieser Straße war, erschloss sich mir allerdings nicht.

Wir besuchten ein Museum, in dem lauter düstere Ölgemälde hingen. Es lag an einem pompösen Platz, der mit großen steinernen Löwen geschmückt war und auf dessen Mitte eine hohe Säule emporragte. Auf ihrer Spitze stand die Statue eines Mannes namens Nelson, der irgendwie wichtig war.

Wichtige Mienen hatten auch die Polizisten aufgesetzt. Sie hießen „Bobby“, trugen merkwürdige schwarze Sturzhelme und waren mit Keulen bewaffnet wie einst die Steinzeitmenschen. Dafür hatten sie keine Schusswaffen bei sich.

In einem großen Gebäude, das „Turm“ genannt wurde, waren kostbare Juwelen und Kronen ausgestellt. Sie wurden hinter Panzerglas aufbewahrt, an dem man auf einer Art von Fließband vorbeigerollt wurde, sodass man nicht allzu viel Zeit hatte, die Preziosen zu betrachten.

Die Königin, der die Kostbarkeiten gehörten, wohnte aber woanders, nämlich in einem riesigen Palast. Vor diesem Palast führten die Männer mit den Bärenfellmützen eine bizarre Art von Tanz auf, den sie „Wachablösung“ nannten. Dabei bewegten sie sich genauso stocksteif, wie sie vorher herumgestanden hatten. Das alles war offensichtlich auch furchtbar wichtig.

Die anderen einheimischen Männer trugen schwarze Anzüge, Regenschirme, Aktentaschen und komische runde Hüte, die mein Vater als „Melone“ bezeichnete. Die Busse waren doppelt so hoch wie bei uns in Deutschland und rot lackiert, sodass man sie auch wirklich nicht übersehen konnte.

Die Telefonzellen waren ebenfalls rot angestrichen und merkwürdig verschnörkelt, sie sahen aus wie die missratenen Miniaturen von Märchenschlössern. Die Taxis waren schwarz, rund und größer als normale Autos, so als hätte man sie aufgepustet. Sie hatten Holzboden und unbequeme plastikbezogene Bänke, waren also alles andere als komfortabel.

Meistens fuhren wir jedoch mit der U-Bahn, die wirklich sehr praktisch war, denn man kam überall hin und das auch noch schnell. Der stilisierte Plan erwies sich als ausgesprochen übersichtlich.

Das mit der „Untergrundbahn“ meinten die Londoner allerdings auch so, wie der Name schon besagte. Es ging hinab in den Untergrund, auf den längsten Rolltreppen, die ich je gesehen hatte. Unten war es düster und aus den Röhren, in denen die Züge fuhren, erklangen unheimliche Geräusche. Ganz genau so, wie man sich die Unterwelt vorstellen könnte. Die Züge waren uralt und ziemlich abgenudelt.

Mitunter waren sie unglaublich voll, aber die Menschen waren stets höflich und ausgesprochen diszipliniert. Wo immer man warten musste, standen die Leute ordentlich in einer Reihe, und wer hinzukam, der stellte sich hinten an.

Aber so waren die Engländer eben. Das wusste ich schon aus dem ersten Englischlehrbuch, dass ich in der Schule bekommen hatte. Darin war die Zeichnung eines Mannes – übrigens mit schwarzem Anzug, Regenschirm und Melone – der allein an einer Bushaltestelle stand und wartete. Darunter stand: „A queue of one“ – „Eine Warteschlange von einer Person“.

Kulinarisch hatte das Land nichts zu bieten. Im Hotel wurden zum Frühstück Spiegeleier, Bohnen, Speck und Tomaten serviert. Bei uns in Deutschland gab es nur Brötchen oder Toastbrot mit Marmelade. Alles andere galt zu so früher Stunde als unbekömmlich.

Toast und Marmelade gab es zwar in London auch, aber der Toast war labberig, obwohl er an den Seiten schwarz verbrannt war, und die Marmelade war ungenießbar, denn sie schmeckte bitter. Es war Orangenmarmelade.

Die Engländer aßen Fisch und Pommes Frites – Fish 'n' Chips –, die nach dem Frittieren in Zeitungspapier eingewickelt wurden. Meine Eltern zogen es vor, zum Chinesen zu gehen.

Mein Fazit: Dieses Land war äußerst exotisch und skurril. Es war eine ganz andere Welt.

Mit zwanzig kam ich dann zurück nach London und fand meine Erwartungen bestätigt. Ja, mehr noch: Ich wohnte bei einer älteren Lady in einem Bed & Breakfast, also in einer privaten Frühstückspension. Die griffige Bezeichnung „Bed & Breakfast“ hatten die Briten erfunden, für Festlandseuropäer war sie damals noch völlig neu.

Die Lady entsprach dem Klischee, das man aus britischen Fernsehserien kannte. Das weiße Haar mit leichtem Lilastich eingefärbt und ordentlich zu Locken frisiert, altmodisch, ein wenig zu rosa, aber sehr korrekt gekleidet, und mit vornehmen, sehr gepflegten Umgangsformen. Ihre runzeligen Lippen waren knallrot bemalt.

Sie vermietete ein großes Zimmer in einem der typischen viktorianischen Reihenhäuser, und das war wirklich sehr elegant eingerichtet. An den Fenstern hingen bonbonrosafarbene Nylonvorhänge, die beiden Sessel waren mit großen, bunten Blumen gemustert. Die Bettwäsche war aus exakt dem gleichen knistrig-kalten Synthetikmaterial wie die Vorhänge. Perfektes Styling!

Es war eben eine andere Welt. Plüschig, plastikverliebt und ein bisschen staubig. Viele Jahre später checkte ich in einem Hotel in Lancaster ein. Der Boden des Badezimmers war mit Teppichboden ausgelegt, und dieser war nicht nur an der Seitenwand der Badewanne hochgezogen, sondern auch an der Toilettenschüssel, und zwar hinauf bis zur WC-Brille. Ich war erstaunt. Und leicht irritiert.

Als mich Anfang des neuen Jahrtausends in einem schönen, ländlichen Schlosshotel in Nordengland im Zimmer ein braunes Cord-Sofa aus den frühen Achtzigerjahren empfing, habe ich mich allerdings ehrlich gefreut. Es war so herrlich nostalgisch!

Denn inzwischen hat sich auch in England vieles geändert. Das Land ist moderner geworden, die Bobbys tragen jetzt Schusswaffen. Taxis und Busse wurden modernisiert, zwischenzeitlich sind auch neue U-Bahn-Wagons angeschafft worden (die allerdings auch schnell wieder abgenudelt waren).

Die Business-People tragen zwar auch jetzt noch dunkle und gedeckte Farben, aber schon lange keine

Melonen mehr. Auch haben sich inzwischen zu den Herren Karrierefrauen hinzugesellt, die genauso wichtig aussehen und ständig mit ihren Mobiltelefonen beschäftigt sind. Letztere sind der Grund dafür, dass die roten Telefonzellen ziemlich überflüssig geworden sind. Es gibt sie aber immer noch. Denn die Engländer hängen hingebungsvoll an ihren Traditionen.

Deshalb marschieren die Bärenfellmützenträger noch immer vor dem großen Palast auf und ab, und hinter den ehrwürdigen Mauern wohnt noch immer die Königin, deren Kronjuwelen im Tower ausgestellt werden.

God save the Queen!

Fish 'n' Chips

Zutaten für 4 Personen: *800 g Fischfilet (Kabeljau oder Schellfisch), 1 kg große, mehlig kochende Kartoffeln, 3 l Erdnuss- oder Sonnenblumenöl, 200 g Mehl, 1 ½ Tl Backpulver, 1 Tl Kurkuma, 250 ml helles Bier, 2 Zitronen, Malzessig (ersatzweise ein anderer milder Essig), Pfeffer, Salz*

Zubereitung: *Die Kartoffeln schälen, in ca. 1,5-2 cm dicke Stäbchen schneiden und in einer Schüssel ganz mit Wasser bedecken. Eine Stunde lang stehenlassen.*

Das Mehl mit Kurkuma, Backpulver, Salz und Pfeffer in eine Schüssel geben. Mit dem Schneebesen nach und nach das Bier einrühren und gut durchmischen. Abdecken und 1 Stunde lang im Kühlschrank quellen lassen.

Nach der Wässerungszeit die Kartoffelstäbchen abgießen und mit frischen Geschirrtüchern trockentupfen.

In einer Fritteuse oder einem Topf mit Siebeinsatz eine ausreichende Menge Fett auf ca. 180°C erhitzen. Dann ein Viertel der Kartoffelstäbchen im Siebeinsatz hineingeben und so lange frittieren, bis sie beim Schütteln des Siebes rascheln (das dauert etwa 4 Minuten). Herausnehmen, abtropfen und 15 Minuten lang abkühlen lassen. Mit den restlichen Kartoffelstäbchen nach und nach genauso verfahren.
Den Fisch waschen, trockentupfen, in Portionsstücke schneiden, salzen und pfeffern. Den Teig aus dem Kühlschrank nehmen und die Fischstücke so hineintunken, dass sie ganz mit Teig bedeckt sind.
Den Backofen auf 120°C erhitzen und ein mit Backpapier ausgelegtes Backblech hineinlegen. Dann das Fett in der Fritteuse wieder auf Temperatur bringen und die Pommes Frites portionsweise jeweils etwa 4 Minuten frittieren, bis sie außen goldbraun und knusprig sind. Danach im Backofen warmhalten, bis alle Kartoffelstäbchen fertig frittiert sind. Zum Schluss kräftig salzen.
Parallel zum Frittieren der Pommes Frites in einer hohen Pfanne reichlich Öl erhitzen. Die richtige Temperatur ist erreicht, wenn es beim Hineingeben einer kleinen Teigmenge heftig blubbert. Dann vorsichtig den Fisch hineingeben und etwa 2-4 Minuten lang frittieren, bis er goldbraun ist.
Mit den geviertelten Zitronen und einem Schälchen Malzessig servieren. Den Zitronensaft presst man über den Fisch, die Pommes Frites tunkt man vor dem Verzehr kurz in den Essig.

Simply delicious! – Eine zaghafte Annäherung an Englands Küche

Englisches Essen? Schlicht ungenießbar. Bereits meine Eltern waren ja in ein chinesisches Restaurant geflüchtet, obwohl sie nicht wirkliche Freunde der asiatischen Kost gewesen sind.

Aber das, was die Engländer da noch vor wenigen Jahrzehnten so anboten, war – vorsichtig formuliert – gewöhnungsbedürftig. Neben den allgegenwärtigen fetttriefenden Fish 'n' Chips, ohne die das Leben in England wohl unvorstellbar sein muss, gab es Spezialitäten wie grüne Erbsen, die mit Farbstoff eingefärbt waren, damit sie noch ein bisschen grüner wirkten. Wurst wurde entsprechend mit tiefrotem, kräftig rosa oder grellorangem Farbstoff behandelt, und Gebäck versah man mit Zuckerguss in allen Farben des Regenbogens. Hauptsache, leuchtend bunt.

Brötchen und Brot hatten die Konsistenz eines Badeschwamms. So ähnlich schmeckten sie auch. Auf dem Teller mit dem Hauptgericht entdeckte ich eine gräuliche Wabbelmasse, die „Yorkshire Pudding“ genannt wurde, aber rein gar nichts mit der herzerwärmenden Erinnerung an den Pudding meiner Kindheit zu tun hatte. Vielmehr handelte es sich um ein Backwerk undefinierbaren Geschmacks, vollgesaugt mit Bratensaft. Ich lernte schnell, dass man in England etwas völlig anderes unter „Pudding" versteht als bei uns in Deutschland.

Bei einer meiner ersten Ankünfte in England, hungrig von der langen Anreise, bestellte ich mir in einem Restaurant in Canterbury ein Pie. Dieses Gericht war als typisch englisch bekannt, alle möglichen Dinge wurden untereinandergemengt, in Teig verpackt und gebacken – fertig. Was ich bestellt hatte, war ein „Steak and Kidney Pie" – Steak und Nieren. Ich hatte wirklich an nichts Böses gedacht. Tatsächlich hatte ich noch nie zuvor Nieren gegessen. Ich habe es auch danach niemals mehr versucht. Denn was mir serviert wurde schmeckte so abgrundtief fürchterlich und roch so bestialisch nach Urin, dass ich wirklich lange brauchte, um mich von dem Schock zu erholen.

In Liverpool besuchte ich dann ein wirklich sehr hübsch aussehendes Restaurant. Es befand sich in einem alten Fachwerkaus und war so nett herausgeputzt, als hätte man es aus einem England-Bilderbuch ausgeschnitten. Das Essen holte mich schnell aus meinen Träumen. Es war komplett ungewürzt, schien nicht einmal gesalzen zu sein, an den Farbstoffen hatte man hingegen nicht gespart. Geschmack ließ sich allenfalls mit der in einer Plastikflasche bereitgestellten „Brown Sauce" hinzufügen, einer undefinierbar braunen, säuerlichen Pampe. Pfui Teufel.

So beschloss ich damals, es war in den Achtzigerjahren, um englische Restaurants fortan einen Bogen zu machen und stattdessen die Vorzüge des Commonwealth zu nutzen. Denn schon damals gab es in England Gastronomie mit Spezialitäten aus aller Herren Länder, vor allem viele indische Restaurants. Und was die Engländer an Gewürzen einsparten, das verwendeten die Inder umso verschwenderischer.

So kommt es also, dass Englands Küche lange Zeit einen recht zweifelhaften Ruf genoss. Und zwar keinesfalls nur bei mir, der üble Leumund ging ihr allgemein voran.

Aber die Dinge ändern sich. An Englands Kochherden ist eine neue Generation von Küchenchefs angetreten. Deren berühmtester Vertreter, Jamie Oliver, feiert mit seinen einfachen und doch pfiffigen Kreationen bekanntlich auch hierzulande große Erfolge. Aber er ist nur einer von zahllosen talentierten Köchen, die aus guten alten Traditionen, internationalen Einflüssen und bravourösen Ideen eine neue englische Küche hervorgezaubert haben, die zu entdecken eine wahre Freude ist.

Der Tag beginnt mit dem berühmten englischen Frühstück. Vorbei sind die Zeiten, in denen es nur eine Schüssel mit Porridge gab, also Haferbrei, der zumindest den Erwachsenen ungesüßt und nur mit einer Prise Salz gewürzt vorgesetzt wurde.

Wer auch immer gesagt hat, man solle frühstücken wie ein Kaiser, der wäre begeistert vom morgendlichen Angebot der Engländer gewesen. Traditionell gibt es Toast mit gesalzener Butter, Orangenmarmelade, Würstchen,

Baked Beans, Spiegel- oder Rührei, Black Pudding (gebackene Blutwurst) und natürlich Bacon, gebratenen Speck. Gerne reicht man dazu gebratene Champignons und Tomaten. Die Zutaten lassen sich beliebig variieren, ergänzen und neu komponieren, ganz nach Geschmack. In Liverpool habe ich letztens in Ei gewälztes, ausgebackenes Brot mit Ahornsirup, Heidelbeeren und Bacon gefrühstückt. Es war köstlich.

Das klassische Frühstück wird von der unerlässlichen Brown Sauce begleitet. Das ist eine Art Ketchup für Erwachsene. Der berühmteste Vertreter der Brown Sauce ist HP. Die Würzsauce ist ein echtes Stück Kolonialgeschichte, denn sie wird aus den Schoten des Tamarindenbaums hergestellt, und der wächst in Ostafrika und in Indien. Das Originalrezept wurde im 19. Jahrhundert in Nottingham kreiert. Außer Tamarinde kommen im Wesentlichen noch Malzessig, Tomaten, Melasse, Traubenzucker, Datteln und diverse Gewürze hinzu. Diese Mischung ergibt einen säuerlich-würzigen Geschmack, an dem sich bei uns in Deutschland die Geister scheiden. Auf der britischen Insel hingegen ist sie äußerst beliebt, in Schottland kippt man sie sogar über Fish 'n' Chips. In England genießt man sie zum Bacon, zu Baked Beans, zum „Full English Breakfast“ oder auch zu Steak und anderem kurzgebratenem Fleisch.

Die zweite unverzichtbare Würzsauce Englands ist die Worcestershiresauce, gesprochen „wʊstəˌʃərˈsɔːs“.

Hergestellt wird die Originalsauce ausschließlich von der Firma Lea & Perrins. Auch diese Kreation verdanken wir dem 19. Jahrhundert. Sie besteht vornehmlich aus Essig, Melasse, Sardellen, Tamarinde sowie diversen Gewürzen und muss mehrere Jahre lang reifen. Angeblich beruht das Gebräu auf einem alten indischen Rezept, und die Zubereitung ist so geheim, dass die diversen Nachahmer des Originals mit Sojasauce, Chili und Senf herumpfuschen, um einen vergleichbaren Geschmack zu erzielen. Das Ergebnis dürfen sie dann lediglich „Worcestersauce“ nennen, was man wiederum „wʊstəˈsɔːs“ ausspricht. Mit der Sauce würzt man Fleischgerichte, man kippt sie aber auch in den Cocktail „Bloody Mary“. In Deutschland feierte die Worcestershiresauce Triumphe, als man das „Ragout fin“ als Speise der feinen Küche entdeckte. Neben Kalbsbries und -hirn gehört da nämlich auch unbedingt Worcestershiresauce hinzu.

Letztere erinnert mich ein wenig an das altrömische „garum“, eine Tunke aus vergammeltem Fisch, die als Geschmacksgeber im alten Rom über so gut wie alle Gerichte geschüttet wurde, weil diese meist ihrerseits nicht mehr ganz frisch waren. Aber kehren wir lieber zum englischen Frühstück zurück.

Dazu fehlt uns noch eine wesentliche Komponente, nämlich der Tee, der in England mit Milch getrunken wird. Der Tee ist ein ganz bedeutendes Element der englischen Tischkultur, so wichtig, dass ich ihm ein eigenes Kapitel widmen werde. Kommen wir also später zur Teatime noch einmal auf ihn zurück. Und bevor wir uns nun genauer anschauen, was in England sonst noch auf den Tisch kommt, machen wir eine kurze Pause und frühstücken erst einmal!

Full English Breakfast

Zutaten pro Person: *2 kleine Frühstücksbratwürste, 2 Scheiben Bacon, 1 Ei, 1 Scheibe Black Pudding (Blutwurst, ca. 2 cm dick), 100 g Baked Beans (Dose), ½ große Tomate, 2 Champignons, 2 Scheiben Toastbrot, gesalzene Butter, Orangenmarmelade, neutrales Öl, HP-Sauce, 1 Glas Orangensaft, schwarzer Tee, Milch, Salz, Pfeffer*

Zubereitung: *Ein englisches Frühstück zuzubereiten ist zwar ganz einfach, bedarf aber aufgrund der Vielzahl der Speisen, die zeitgleich fertig sein müssen und während der Zubereitung verschiedene Kochstellen des Herdes belegen, eine gewisse Organisation. Besonders, wenn man größere Mengen zubereitet, empfiehlt es sich, den Backofen zu Hilfe zu nehmen und auf ca. 120°C vorzuheizen. Darin kann man Würste, Bacon, Black Pudding, Tomaten und Champignons dann bis zum Servieren ein paar Minuten lang warm halten.*

Die Baked Beans in einen Topf füllen und bei schwacher Hitze langsam aufwärmen, dabei immer wieder mal umrühren, aber nicht kochen lassen. In einer Pfanne etwas Öl erhitzen und die Würste darin bei mittlerer Hitze ca. 12-15 Minuten lang von allen Seiten goldbraun braten.

In einer weiteren Pfanne Öl erhitzen und den Bacon und den Black Pudding darin etwa 5 Minuten lang knusprig braten, dabei nach der Hälfte der Zeit wenden. Die Pilze putzen und zusammen mit der halben Tomate in eine Pfanne mit etwas heißem Öl geben.

Die Pilze ein paarmal wenden, salzen und pfeffern, dann mit dem Deckel verschließen und 4-5 Minuten lang schmoren lassen. In einer Pfanne etwas Öl erhitzen, das Ei hineinschlagen und zu Spiegelei braten. Erst zum Schluss leicht salzen. Die Toastscheiben toasten und diagonal durchschneiden.

Auf einem vorgewärmten Teller Spiegelei, Bacon, Black Pudding, Bratwürste, Baked Beans, die halbe Tomate und die beiden Pilze anrichten. Toast, Butter, HP-Sauce und Orangenmarmelade dazu reichen und mit einer Tasse Tee mit Milch und einem Glas Orangensaft servieren.

Sweet French toast with bacon – Süsser Toast mit Ei und Bacon

Zutaten pro Person: *2 Scheiben Vollkorntoast, 2 Scheiben Bacon, 80 ml Milch, 1 Ei, 1 Tl Vanilleextrakt, Butter, 2 El Blaubeeren, 2 Tl Ahornsirup, 1 Prise Muskat, 1 Prise Zimt, Salz*

Zubereitung: *Den Backofen auf 190°C vorheizen und anschließend den Bacon ca. 20 Minuten lang darin backen, bis er knusprig ist.*

In der Zwischenzeit das Ei mit Milch, Vanilleextrakt, Zimt, Muskat und einer Prise Salz gut verquirlen. Dann die beiden Toastscheiben hineintauchen und ½ Minute lang ziehen lassen, wenden, und erneut ½ Minute lang ziehen lassen, um die Flüssigkeit aufzusaugen.

In einer beschichteten Pfanne etwas Butter zerlassen und bei mittlerer Hitze die Toastscheiben 2 Minuten lang braten, dann wenden und weitere 2 Minuten lang braten, bis sie leicht gebräunt sind.

Nun eine der Toastscheiben auf einen Teller legen und die beiden Baconscheiben darauflegen. Mit der zweiten Toastscheibe bedecken und den Ahornsirup darüberträufeln. Die Blaubeeren dazulegen und sofort servieren.

Das perfekte Dinner – England kulinarisch

Traditionelle englische Hauptgerichte stehen im Ruf, sehr fett und nahrhaft zu sein. Klassische Spezialitäten wie Lammfleisch in Minzsauce klingen außerdem nach ziemlich ungewöhnlicher Kost. Doch lässt diese Kombination schon erahnen, dass die englische Küche durchaus experimentierfreudig ist.

Ihre Speisen sind eine bunte Mischung aus althergebrachten englischen Rezepten und all den vielen Spezialitäten, die von den Engländern während der Kolonialzeit aus Afrika, Indien und Ostasien mit in die Heimat gebracht wurden. Weil sich dank des Commonwealth in den vergangenen Jahrzehnten auch viele Menschen aus den ehemaligen Kolonien in Großbritannien niedergelassen haben, ist das Angebot der englischen Küche heute bunt und vielfältig. Exotische Gewürze, Früchte, Gemüse und fremdländische Zubereitungsarten gehören hier zum Alltag.

Die klassischen englischen Rezepte verwenden Gemüse wie Erbsen, Möhren, Grünkohl und Blumenkohl, außerdem Schwein, Rind- und Lammfleisch sowie Fisch. Kartoffeln werden geschält, halbiert, mit Öl bepinselt, gesalzen und dann im Backofen zu „Roast Potatoes“ gebacken. Serviert mit dünnen Scheiben aufgeschnittenen Bratenfleischs und Gemüse begleiten die „Roast Potatoes“

dann das „Sunday Roast“, die traditionelle Mahlzeit für den frühen Sonntagnachmittag.

Besonders beliebt sind außerdem alle Formen von „Pies“, also Gerichte, bei denen die diversen Zutaten unter einer Teigdecke oder unter Kartoffelbrei gebacken werden. Darunter kann dann alles Mögliche sein, von süßen Äpfeln über Würstchen oder Fisch bis hin zu deftigem Eintopf. Oder eben Steak und Nieren. Edelster Klassiker ist das „Filet Wellington“, ein Rinderfilet im Blätterteigmantel, dessen Namensgeber einst Napoleon bei Waterloo den Garaus machte. Doch eigentlich ist das Filet Wellington ein „Pastie“, so nennt man nämlich Gerichte mit einer Hülle aus Blätterteig.

Gibt es keinen „Pie“ und kein „Pastie“, so begleitet das Hauptgericht oft der bereits erwähnte Yorkshire Pudding. Das ist ein Gebäck aus Eiern, Mehl, Milch und Fett, das entweder in der Mitte eine Mulde hat, sodass man die Bratensauce hineingeben kann, oder gleich im Backofen unter das Fleisch gestellt wird, damit der Saft während des Garens in den Pudding hineintropft. Richtig zubereitet ist der Yorkshire Pudding ein Genuss!

Außerdem speist man gerne Sandwiches, also zusammengeklappte, ungetoastete Toastbrotscheiben ohne Rinde, zwischen die man alles legen kann, was das Herz begehrt. Zum Beispiel nimmt man gesalzene Gurkenscheiben und Butter, Schinken, Lachs, Majonäse, Hühnchen, Salat und/oder Käse. Wobei der englische Käse seine eigene Kultur hat, auf die wir später noch zurückkommen werden.

Der Legende nach wurden die simplen und praktischen Sandwiches im 18. Jahrhundert vom Earl of Sandwich erfunden, der war nämlich ein leidenschaftlicher Kartenspieler. Um sein Spiel nicht unterbrechen zu müssen, ließ er sich ein Stück Rinderbraten zwischen zwei Brotscheiben legen, auf diese Art blieben seine Hände während des Essens sauber. Außerdem hatte er stets eine Hand frei und konnte ungehindert weiterspielen. Er war also ein Vorreiter aller Freaks, die von ihrer Tätigkeit so hingerissen sind, dass sie sich selbst zum Essen keine Pause davon gönnen. Auf diese Idee kamen also keineswegs erst die Nerds unserer Tage.

Zum Dessert reicht man „Crumbles“, das sind mit Streuseln überbackene Früchte, oder „Spotted Dick“, einen Kochpudding mit Rosinen. Besonders köstlich ist das „Trifle“, das in vielen Variationen zubereitet wird und im Wesentlichen aus Englischer Creme, Obst, Biskuit und Schlagsahne besteht. Die „Englische Creme“ wiederum wird auch „Custard“ genannt und aus Eigelb, Zucker und Milch gemacht. Allerdings umfasst der Begriff „Custard“ allgemein alle langsam erhitzten Mischungen aus Eigelb und Milch, die ungesüßt als Basis für viele Gerichte verwendet werden, auch für deftige Pies und Tartes.

Eine Besonderheit der englischen Küche ist die „Double Cream“, eine Sahne mit etwa 45 Prozent Fettgehalt. Damit verfeinert man Suppen und Saucen, aber auch Puddings, Obstsalat und andere Desserts.

„Sticky Toffee Pudding“ ist, wie der Name schon sagt, eine klebrige Leckerei, die meist aus Datteln zubereitet und mit Toffeesauce serviert wird. Ähnlich ist der „Plumpudding“, der auch „Christmas Pudding“ genannt wird, woran man schon erkennt, zu welcher Gelegenheit man ihn serviert. Er ist eigentlich eine Art Serviettenkloß und wird aus Trockenobst, Nüssen und Rindernierenfett hergestellt. Man tränkt ihn gerne in Brandy und flambiert ihn bei Tisch. Dazu gibt es dann wiederum eine verdünnte Variante der Englischen Creme.

Wobei die zuletzt erwähnte Zutat des Plumpuddings zumindest für unsere Ohren leicht abschreckend klingt. Das Rindernierenfett wird aus dem die Niere umgebenden Fettgewebe gewonnen und ist in der englischen Küche sehr verbreitet. Es hat einen niedrigeren Schmelzpunkt als Rindertalg und schmeckt, anders als man erwarten könnte, nicht nach Nieren. Deshalb findet man es auch viel in Kuchen und Gebäck.

Das war nur ein kurzer Einblick in die englische Küche, aber man erkennt sofort, dass sie eine überraschende Vielfalt zu bieten hat. Tatsächlich hat sie auch über lange Zeit einen hervorragenden Ruf genossen. Die Franzosen des 19. Jahrhunderts sprachen respektvoll von der „Cuisine Anglaise“ und meinten damit eine gehobene Küche von exquisitem Niveau. Denn dank des Kolonialismus hatten die Engländer leichten Zugang zu exotischen Zutaten. Und in bürgerlichen Kreisen brachte das Hauspersonal feinste Delikatessen auf den Tisch.

Der Niedergang kam erst nach dem Zweiten Weltkrieg, als sich die Wirtschaftslage änderte. Das Personal verschwand aus den Haushalten und die fremdländischen Gewürze wurden teuer. Viele Köche hatten keine bessere Idee, als die gewohnten Geschmacksgeber einfach wegzulassen. Wer sich die kostspieligen Zutaten trotz der Teuerung noch leisten konnte, der hatte nun kein Personal mehr und selbst keine Ahnung vom Kochen. Der Ruf der englischen Küche ging damit den Bach runter.

Doch diese Zeiten sind lange vorbei.

Sticky toffee pudding

Zutaten: *230 g Medjool Datteln, 180 g Mehl, 2 Eier, 100 ml Milch, 140 g Butter (Zimmertemperatur), 325 g brauner Zucker, 225 ml Crème double, 3 Tl schwarze Melasse, 1 Tl Natron, 1 Tl Backpulver, 1 Vanilleschote, Butter zum Einfetten*

Zubereitung: *Die Datteln entkernen und ganz klein hacken. Dann in eine Schüssel geben und 175 ml siedendes Wasser darüber gießen. Etwa 30 Minuten lang stehenlassen, dann mit einer Gabel zerquetschen. Die Vanilleschote auskratzen und das Innere dazumischen. Die Eier in einer Tasse miteinander verschlagen. In einer Rührschüssel 90 g Butter mit 140 g braunem Zucker so lange mit dem Handmixerät vermengen, bis eine körnig-cremige Masse entstanden ist.*

Anschließend nach und nach die verquirlten Eier unterrühren. Danach 2 Tl der Melasse dazurühren. Das Mehl mit Backpulver und Natron vermischen und vorsichtig unter die Masse mengen, dabei abwechselnd immer etwas von der Milch dazuschütten, bis alles verbraucht ist. Zum Schluss die Datteln unter die Masse heben und vermischen, bis ein weicher, dicker Teig entstanden ist. Nun sechs ofenfeste Flanförmchen mit je ca. 250 ml Fassungsvermögen mit Butter ausfetten und auf ein Backblech stellen. Den Backofen auf 180°C vorheizen. Den Teig gleichmäßig auf die Flanförmchen verteilen und 20-25 Minuten lang backen, bis die Puddings aufgegangen und fest geworden sind.

In der Zwischenzeit die Toffeecreme zubereiten. Dazu den restlichen Zucker mit der restlichen Butter in einem Topf vorsichtig erhitzen und die Hälfte der Crème double einrühren. Unter ständigem Rühren aufkochen lassen, bis der Zucker sich ganz aufgelöst hat. Dann 1 Tl Melasse dazurühren und die Hitze erhöhen. 2-3 Minuten lang kräftig kochen lassen, bis eine satte Toffeefarbe erreicht ist, dabei immer wieder umrühren, damit die Masse nicht anbrennt. Anschließend vom Herd nehmen und die restliche Crème double unterrühren. Die fertigen Puddings ein paar Minuten lang abkühlen lassen, dann behutsam mit einem Messer vom Rand der Flanförmchen lösen und stürzen. Man kann sie nun auf Portionstellern mit der Toffeesauce begießen und servieren.

Noch besser schmecken sie aber, wenn man sie ein bis zwei Tage lang in der Toffeesauce ziehen lässt. Dazu gießt man die Hälfte der Sauce in eine backofenfeste Form, in die alle Puddings gerade hineinpassen. Man setzt die Puddings darauf, begießt sie mit dem Rest der Sauce und deckt das Ganze mit Alufolie ab. Kühlen ist nicht erforderlich.

Vor dem Servieren wärmt man sie – weiterhin mit der Alufolie abgedeckt – im Backofen bei 180°C für 15-20 Minuten, bis die Sauce zu blubbern beginnt. Dann serviert man sie pur, mit Englischer Creme oder mit Schlagsahne.

Fels in skandalumtoster Brandung – Queen Elizabeth II.

Sind Sie auf den Geschmack gekommen? Das hörte sich ja alles schon ziemlich englisch an.

Aber nichts ist so durch und durch englisch wie Queen Elizabeth II., und niemand hat es so konsequent wie sie vollbracht, dem Land ein Gesicht und eine Identität zu geben. Und das liegt nicht nur daran, dass sie seit mehr als sechs Jahrzehnten die Königin von England ist. Es liegt auch an ihrer klugen, disziplinierten, distanzierten und mitunter durchaus unterkühlten Amtsführung. Mit der daraus resultierenden Verlässlichkeit ist sie zum ruhenden Pol des krisengebeutelten Landes geworden. Deshalb braucht sie keine öffentlich demonstrierte Herzenswärme. Sie hat allein durch ihre ruhige Präsenz im Laufe der Jahrzehnte die Herzen der Engländer erobert.

Vielleicht hat ihre Beliebtheit auch etwas mit Gewohnheit zu tun. Denn wer von uns Lebenden kann sich noch wirklich an eine Zeit ohne das dezente, etwas steife Lächeln der Queen erinnern? Ohne ihre Kostüme, die aus aller Mode gefallen sind? Meist sind sie bonbonfarben. Und stets sind sie von etwas merkwürdigen, aber farblich perfekt auf das Outfit abgestimmten Hüten begleitet. Das ist eben der ganz besondere, einzigartige Stil der Queen. Sie trägt Kostüme, die auf geradezu sagenhafte Art unspektakulär sind. Und irgendwie wirken sie alle gleich.

Ein weiteres Markenzeichen der Queen ist ihr legendäres Winken, das majestätisch, leicht gelangweilt, distanziert und doch perfekt ist.

Mit einem bunten Reigen von Klatschgeschichten beherrscht die Familie der Queen seit Jahrzehnten die Regenbogenpresse. Mit Skandalen, die kommen und gehen, während stets nur die Queen allein als einzig ruhender Fels in der Brandung stoisch weiterlächelt und ihre Würde bewahrt. Und ist es nicht ihr Verdienst, dass sie damit durch alle Turbulenzen hindurch auch die Würde ihres Landes bewahrt hat?

Natürlich ist sie nicht nur die Königin von England. Sie ist die Monarchin des Vereinigten Königreichs, also auch von Schottland, Wales und Nordirland. Aber das ist beileibe noch nicht alles. Sie ist nämlich auch das Staatsoberhaupt folgender Länder: Antigua und Barbuda, Australien, Bahamas, Belize, Grenada, Jamaika, Kanada, Neuseeland, Papua-Neuguinea, St. Kitts und Nevis, St. Lucia, St. Vincent und die Grenadinen, die Salomonen und Tuvalu.

Und als wenn das noch nicht genug wäre, steht sie zusätzlich dem Commonwealth of Nations vor, dem insgesamt dreiundfünfzig Staaten angehören. Nicht zu vergessen die Staatskirche von England, deren weltliches Oberhaupt sie ist.

Ganz schön viel Würde, die sich da auf dem Haupt der kleinen alten Dame vereint. Und eine ganze Menge von

Pflichten, die sie zu erfüllen hat und auch im hohen Alter noch mit eiserner Disziplin erfüllt.

Die Rolle als Königin war der kleinen Elizabeth ursprünglich gar nicht zugedacht. Als sie 1926 das Licht der Welt erblickte, war ihr Großvater Georg V. König von England. Designierter Nachfolger war dessen Sohn Eduard VIII., der aber nur zehn Monate nach seinem Amtsantritt 1936 überraschend abdankte, ohne je gekrönt worden zu sein.

Grund für seinen Rückzieher war die Liaison zu einer amerikanischen Schauspielerin. Das wäre an und für sich zwar unerfreulich gewesen, hätte sich aber durch Erhebung der Dame in den Adelsstand schon irgendwie hinbiegen lassen. Doch leider war sie geschieden, und die Statuten der anglikanischen Kirche verboten die Ehe ihres Oberhauptes mit einer Geschiedenen strikt. Eduard entschied sich für die Frau und gegen den Thron – ein Riesenskandal war die Folge.

Eine weitere Folge war es, dass Eduards Bruder nun überraschend als Georg VI. König von England wurde. Und der war Elizabeths Vater. Damit war sie im Alter von zehn Jahren plötzlich zur Thronfolgerin geworden. Hätten ihre Eltern noch einen Sohn bekommen, dann wäre sie ihre Bestimmung wieder losgeworden. Denn es gilt unter den Kindern des Regenten nicht das Recht des Erstgeborenen, sondern das Recht des männlichen Geschlechts. Doch dazu sollte es nicht kommen, außer der vier Jahre jüngeren

Margret, die bereits 2002 gestorben ist, hat Elizabeth keine Geschwister.

Schon 1947 heiratete sie Philip Mountbatten, Prinz von Griechenland und Dänemark, der mit der Eheschließung zum Herzog von Edinburgh ernannt wurde. Ihre Wahl war nicht nur standesgemäß, sondern erwies sich auch als weitsichtig. Denn trotz kleiner Ausrutscher ist Prinz Philipp in all den vielen Jahrzehnten ein verlässlicher Ehepartner der Queen gewesen. Seine Rolle – stets ein paar Schritte hinter ihrer Majestät – hat er immer perfekt und unprätentiös gespielt. Die Ausrutscher? Nun ja. Helmut Kohl begrüßte er 1997 mit: „Guten Tag, Herr Reichskanzler." Studenten in Papua Neuguinea lobte er dafür, nicht von den Eingeborenen verspeist worden zu sein, und Studenten in China warnte er vor der Gefahr, bei längerem Aufenthalt im Lande Schlitzaugen zu bekommen. Er war mitunter ein wenig despektierlich, zeigte aber auch den typisch englischen, etwas skurrilen Humor. Wofür ihn seine Landleute wiederum zu schätzen wussten.

Zwischen 1948 und 1964 hat Elizabeth vier Kinder geboren. Als die beiden letzten davon, die Söhne Andrew und Edward, zur Welt kamen, war sie schon Queen Elizabeth II. Denn ihr Vater starb im Februar 1952. Am 2. Juni des gleichen Jahres wurde Elizabeth in Westminster Abbey zur Königin gekrönt. Niemand ahnte, dass an diesem Tag eine neue Ära anbrechen sollte, die über viele Jahrzehnte hinweg das Königreich prägen würde.

Elf Premierminister hat die Queen kommen und gehen sehen, der erste davon hieß Winston Churchill. Und zwei davon, Tony Blair und David Cameron, wurden sogar erst während ihrer Amtszeit geboren – eine Premiere in der britischen Geschichte.

Nur eine kann sich mit ihr messen, was die Dauer der Regentschaft anbelangt: Queen Victoria, die es immerhin auf 63 Jahre als Monarchin brachte. Elizabeth jedoch hat es geschafft, diesen Rekord im September 2015 zu brechen. Sie erfreut sich bester Gesundheit und denkt erklärtermaßen nicht daran, abzudanken und das anstrengende Amt vorzeitig zu Gunsten ihres Sohnes Charles aufzugeben.

Mit ihrer Familie hat die Queen es wirklich nicht leicht gehabt. Wären es nur die paar Fettnäpfchen gewesen, in die ihr Mann hin und wieder trat, dann wäre alles halb so schlimm gewesen. Doch Schwester Margret erwies sich als Skandalnudel. Sie heiratete einen Fotografen und umgab sich mit Lebenskünstlern und diversen Liebhabern. Sie zog die Gesellschaft von Größen aus dem Showbusiness – wie Peter Sellers, David Niven und Mick Jagger – dem höfischen Adel vor und fiel insgesamt durch einen schillernden und unsteten Lebenswandel auf.

Aber womöglich noch schlimmer waren die Pleiten, die Elizabeth mit ihren eigenen Kindern erlebte. Zwar feierte Tochter Anne Erfolge als Military-Reiterin, doch ihre erste Ehe mit Captain Mark Philips scheiterte grandios.

Die zweite Ehe mit Commander Timothy Laurence musste in Schottland geschlossen werden, weil die Church of England die Wiederheirat Geschiedener nach wie vor ablehnte.

Sohn Andrew geriet schon früh in die Schlagzeilen, weil er sich mit unschicklichen Lebedamen abgab. Das trug ihm in der Boulevardpresse den Spitznamen „Randy Andy" – „geiler Andy" – ein. Mutter Elizabeth war not amused. Dann heiratete er auch noch die lebensfrohe Sarah Ferguson, die sich wenige Jahre später mit einem anderen erwischen ließ. Und das auch noch von Paparazzi! Der Skandal war fürchterlich, die Ehe dahin. Seitdem macht Andrew wieder als Playboy von sich reden.

Über die betrübliche Geschichte von Sohn Charles, dem ewigen Thronfolger, über dessen Ehetragödie mit Lady Diana und das dramatischen Ende der „Prinzessin der Herzen" wollen wir jetzt gar nicht reden. Und auch nicht über die süffisanten Enthüllungen um Charles' langjährige Liaison mit seiner zweiten Frau Camilla. Sein Glück, dass die Kirche von England das Wiederverheiratungsverbot für Geschiedene rechtzeitig vor der Hochzeit aufgehoben hatte.

Bleibt noch Sohn Edward, mit dem es eigentlich ganz ordentlich zu laufen schien. Dass seine TV-Produktionsgesellschaft nicht so wirklich profitabel war und man ihm vorwarf, seine Stellung als Sohn der Königin im Geschäftsleben auszunutzen, mochte ja noch erträglich sein. Doch als Edwards Frau Sophie 2001 mit indiskreten

Enthüllungen über die Königsfamilie an die Presse ging und damit das sogenannte „Sophie-Gate" auslöste, erlebte die Queen auch hier eine herbe Enttäuschung.

Doch wer sagt's denn. Was bei den eigenen Kindern missraten ist, scheint sich bei Enkel William ganz hervorragend zu entwickeln. Der propere Strahlemann und seine hübsche Frau sind die neuen Lieblinge der Nation. Skandalfrei, modern und doch von angemessener royaler Würde.

Ich bin mir sicher, dass Elizabeth begeistert ist!

Filet Wellington

Zutaten für 4 Personen: *700 g Rinderfilet, 300 g Blätterteig, 250 g Cremechampignons, 3 Schalotten, 80 g klein gewürfelter Schinkenspeck, 100 g Leberpastete, 1 kl. Bund Blattpetersilie, 5 Scheiben roher Schinken, 4 cl Madeira, 2 El Sahne, 1 Eigelb, 1 Tl Senf, 50 g Butter, 30 g Butterschmalz, Salz, Pfeffer, Mehl für die Arbeitsplatte, Butter zum Einfetten.*

Zubereitung: *Die Schalotten schälen und fein würfeln, die Pilze putzen und klein hacken. Petersilienblättchen abzupfen und ebenfalls fein hacken.*

Die Butter in einer Pfanne erhitzen und Schalotten und Schinkenspeck darin bräunen. Dann die Pilze hinzugeben und dünsten, bis die Flüssigkeit verdampft ist. Mit Madeira ablöschen, salzen und pfeffern, den Senf und die Sahne einrühren und erneut verdampfen lassen. Vom Herd nehmen und die Petersilie einrühren.

Das Rinderfilet waschen, trockentupfen und parieren. Mit Salz und Pfeffer einreiben.

In einer Pfanne das Butterschmalz erhitzen und das Fleisch ringsum scharf anbraten.

Abkühlen lassen, danach rundum gleichmäßig mit der Leberpastete bestreichen und dann mit den Schinkenscheiben einwickeln.
Den Blätterteig auf einer eingemehlten Arbeitsplatte ausrollen, bis er so groß ist, dass das Filet damit komplett eingewickelt werden kann. Anschließend mit der Schalotten-Speck-Pilz-Masse bestreichen, dabei an den Rändern jeweils 2 cm freilassen. Das Filet darauflegen und den Blätterteig ganz darum herumklappen. Die Ränder leicht mit Wasser anfeuchten und gut zusammendrücken.
Eventuell übrige Teigstreifen von unten mit Eigelb bepinseln und die Oberseite des Teigpaketes damit verzieren. Danach die ganze Oberseite des Teigpaketes mit Eigelb bepinseln.
Den Backofen auf 220°C vorheizen. Ein Backblech mit Butter einfetten und das Filet darauflegen. 25 Minuten lang backen, danach 10 Minuten lang bei ausgeschaltetem Backofen und geöffneter Ofentür ruhen lassen.
Mit einem scharfen Messer in Scheiben schneiden und auf vorgewärmten Tellern anrichten.
Traditionell serviert man das Filet Wellington mit Bratensauce (Demiglace) und geschmorten Schwarzwurzeln.

Aufstand der Adeligen – die Magna Carta

Könige hatten schon immer große Bedeutung für England. Eine der sagenumwobensten Gestalten ihrer Dynastie ist Richard Löwenherz, allein bei der Nennung seines Namens denkt man gleich an tapfere Ritter, Heldentum und moralische Integrität. Tatsächlich hatte Richard seinen Beinamen „Löwenherz" während eines Kreuzzuges in der Folge recht rüder Machtdemonstrationen auf Sizilien erhalten. Er war ein Mann der Tat, kein Diplomat. Seine Ziele setzte er mit dem Schwert durch. Gewalt war in jenen Jahren die einzige Sprache, die wirklich jeder verstand.

England hatte bis zum Jahr 1066 ein uraltes System der Machtverteilung gehabt, das sich bewährt hatte und gut funktionierte. Es war die angelsächsische Form des Feudalismus. Zahllose Bauern und ganze Ortschaften waren frei und durften selbst bestimmen, welchem Landherren sie sich unterordnen wollten. Das sorgte dafür, dass die Landherren ihre Bauern fair behandelten. Denn wenn diese unzufrieden waren, so konnten sie einfach zu einem anderen Landherren wechseln, und zwar mitsamt ihrem Grundbesitz.

Das ganze Land war in Grafschaften unterteilt, die sogenannten „Shires". Jeder Grafschaft stand als Landherr ein Vogt vor, der „Reeve", der für die öffentliche Ordnung zuständig war. Sein Amtstitel war „Shire Reeve", und weil das etwas holprig auszusprechen ist, nannte man die Leute kurz und griffig „Sheriff". Die einzelnen Grafschaften waren wiederum zu Earldoms zusammengefasst, denen ein Earl als Stellvertreter des Königs vorstand. Davon gab es im Jahr 1066 in England nur ganze sechs.

Doch dann kam Wilhelm der Eroberer, Herzog der Normandie. Er sah sich als rechtmäßigen Thronfolger Englands, und als der englische König starb, fiel er mit seinen Truppen auf der Insel ein und setzte diesen Thronanspruch kurzerhand durch. Und damit seine Macht fortan unangefochten bliebe, warf er auch das Feudalsystem über den Haufen. Er enteignete die Grundbesitzer und machte die Bauern zu Hörigen. Das Land gab er seinen Gefolgsleuten und ernannte sie zu Baronen. Aber er achtete dabei darauf, dass deren einzelne Besitztümer über das ganze Land verstreut lagen. Damit wollte er vermeiden, dass die Barone zu viel Macht erhalten würden. Den Sheriffs gab er nun auch das Recht der Steuereintreibung, und weil die Bauern sich nicht mehr länger einfach einen neuen Sheriff aussuchen konnten, begann die Willkürherrschaft mächtiger Sheriffs.

Unter Williams Nachfolgern gab es viel Streit und heftige Scharmützel. Doch immer gelang es dem König schließlich, seine Macht gegenüber den Baronen zu festigen. Die Barone waren nichts als Landpächter, die dem König Abgaben zu zahlen und im Kriegsfall Soldaten zu stellen hatten. Und Krieg gab es eigentlich ständig.

Als Richard Löwenherz 1199 von einem feindlichen Pfeil tödlich verletzt wurde, trat sein Bruder Johann die Nachfolge an. Doch dessen Regentschaft stand unter keinem guten Stern. Er war unbeliebt, denn er betrug sich starrköpfig und cholerisch. Und weil sein Vater, König Heinrich II., ihn bei der Zuteilung des Erbes wohl irgendwie vergessen hatte, verpasste man ihm den spöttischen Beinamen „Lackland“ – „Ohneland“.

Johann Ohneland war ein ungeschickter Herrscher. Er verdarb es sich mit dem Klerus und verwickelte seine Landsleute in beständige Kämpfe mit den Franzosen, weil er Territorien auf dem Kontinent für sich beanspruchte. Das verschlang einen Haufen Geld, für das die englischen Barone aufkommen mussten. Und Johanns verschwenderischen privaten Lebensstil mussten sie gleich auch noch mit finanzieren.

1209 exkommunizierte der Papst Johann Ohneland. Denn der hatte einen heftigen Streit mit dem Bischof von Canterbury angezettelt, worüber der Papst maßlos verärgert war. Johann sah sich gezwungen, dem Papst zur Versöhnung sein komplettes englisches Reich zu schenken. Das wiederum fand der Papst ganz in Ordnung, nahm Johann in Gnaden wieder in die Kirche auf und gab ihm England als päpstliches Lehen zurück.

1214 rüstete der König von Frankreich zum Angriff auf England, weil er die ständigen Übergriffe durch Johanns Truppen satthatte. Um dem zuvorzukommen, fiel

Johann kurzerhand selbst in Frankreich ein – und scheiterte kläglich.

Da platzte den englischen Adelsleuten der Kragen. Sie setzten sich zusammen und entwarfen ein Gesetzeswerk mit 63 Artikeln, in dem sie ihre eigenen Rechte festlegten: ordentliche Gerichtsverfahren, das Recht, Besitz zu haben und weiterzuvererben, dieses gleiche Recht auch für verwitwete Frauen, keine Steuern mehr ohne Zustimmung durch die Barone, keine willkürlichen Verhaftungen freier Bürger durch Beamte des Königs, keine entschädigungslosen Enteignungen, keine Gängelung des Klerus durch den König, Unabhängigkeit für die Stadt London und noch so einiges mehr. Weder der König noch der Papst sollten das Recht haben, diese Privilegien zu widerrufen.

Die Rechte notierten sie auf Pergament aus Kalbshaut und erstellten etliche Abschriften. Denn jeder der 25 Adeligen, die das Werk verfasst hatten, wollte ein Exemplar davon mit nach Hause nehmen – nachdem der König es unterzeichnet hatte. Sie nannten das Gesetzeswerk „Magna Carta Libertatum", „große Urkunde der Freiheiten", kurz Magna Carta.

Der König stand unter gewaltigem Druck. De facto bedeutete die Magna Carta nichts anderes als die komplette Beschneidung seiner Macht. Fortan würde er sich mit den Adeligen einigen müssen, bevor Regierungsentscheidungen getroffen werden konnten. Doch weil sich alle Adelsleute gegen ihn zusammengeschlossen hatten, blieb ihm keine andere Wahl. Am 15. Juni 1215 unterschrieb John Lackland die Magna Charta. Und das war ein wahrhaft historisches Ereignis. Denn die Magna Carta ist ein Meilenstein in der europäischen Rechtsgeschichte. Mit ihr wurden die Grundlagen für Menschenrechte und Demokratie geschaffen. Sie ist auch heute noch immer die Basis der Gesetze Großbritanniens. Die Paragrafen, mit denen die Freiheit der Kirche, die Unabhängigkeit der Stadt London und die Rechtssicherheit des Einzelnen geregelt werden, sind noch immer gültig.

Die Magna Carta ebnete den Weg zur konstitutionellen Monarchie, denn sie ist der Grundstein einer Entwicklung, die dahin führte, dass Englands Monarchen jetzt nur noch repräsentative Aufgaben haben.

Vier Originalexemplare der Magna Carta sind bis heute erhalten. Eine Kopie aus dem Jahr 1297 wechselte 2007 bei einer Versteigerung durch Sotheby's für 21,3 Millionen US-Dollar den Besitzer. Ersteigert hat sie ein früherer Berater von Jimmy Carter. Auch die Amerikaner wissen die Magna Carta nämlich zu schätzen. Sie ist die Basis der Verfassung der Vereinigten Staaten von Amerika.

Englische Creme

Zutaten für 4 Personen: *0,75 l Vollmilch, 8 Eigelb, 250 g Zucker, 1 Vanilleschote, 2 El Speisestärke, eine Schüssel mit gestoßenem Eis*

***Zubereitung**: Die Eigelb zusammen mit dem Zucker und der Speisestärke in eine Rührschüssel geben und mit dem Handmixgerät auf kleiner Stufe langsam rühren, bis eine weißliche Creme entstanden ist.*

Die Milch in einen Topf geben und das ausgekratzte Innere der Vanilleschote sowie die Schote selbst hinzugeben. Kurz aufkochen lassen, danach vom Herd nehmen und 10 Minuten lang ziehen lassen. Anschließend die Vanilleschote herausnehmen und unter ständigem Rühren mit dem Handmixer (weiterhin auf kleiner Stufe) die Milch zu der Eier-Zuckermasse gießen.

Diese Masse nun in einer wärmebeständigen Rührschüssel über einen Topf mit siedendem Wasser in den Dampf hängen und dabei ständig weiterrühren. Die Masse soll auf bis zu 80°C erhitzt werden, auf keinen Fall darf sie heißer werden oder gar kochen. So lange über Dampf weiterrühren, bis die Masse leicht an einem Holzlöffel haften bleibt.

Nun die Masse in eine Glasschüssel umfüllen, die ihrerseits in einer Schale mit gestoßenem Eis steht. 30 Minuten lang auf dem Eis abkühlen lassen und während des Abkühlens regelmäßig mit dem Holzlöffel umrühren, damit sich keine Haut auf der Creme bildet.

Mit frischen Beeren servieren.

Der Geschmack der Creme lässt sich variieren, indem man beispielsweise 2 El Instantkaffee, 80 g geschmolzene Bitterschokolade oder 100 g Mandelkrokant unterrührt.

Wenn man etwas mehr Milch verwendet, ergibt die Creme eine Vanillesauce.

Wer keine Angst vor Fett hat, ersetzt die Hälfte der Milch durch Sahne. Man kann die Englische Creme auch als Basis für Eiscreme verwenden.

Die Speisestärke ist hilfreich, wenn man noch nicht viel Erfahrung in der Herstellung der Englischen Creme hat. Können lassen sie einfach weg.

Reisebekanntschaft mit Folgen – The Canterbury Tales

Das Mittelalter war eine unruhige Zeit. Streit und Kriege, Krankheiten und Hungersnöte bedrohten das Leben allerorten. Den einzigen Halt bot die Religion, der Glaube an Gott. Doch auch innerhalb der Kirchengemeinschaft gab es Unruhe, Zank und Blutvergießen. Zum Beispiel war Thomas Becket, der Erzbischof von Canterbury, im Jahr 1170 ermordet worden. Er war ein aufrechter Mann gewesen, rechtschaffen und treu im Glauben. Deshalb hatte der Papst ihn schon kurz nach seinem gewaltsamen Tode heiliggesprochen.

Noch zweihundert Jahre später erhofften die Menschen von Thomas Becket Seelentrost und Hilfe in unsteter Zeit. Deshalb pilgerten sie zu seinem Grab im Schrein der Trinity Chapel der Kathedrale von Canterbury. Auch jetzt noch, so viele Jahre nach seinem Tod.

So kam es, dass der Zufall eines Tages dreißig Wallfahrer in einem Wirtshaus in Southwark, einem Vorort von London, zusammenführte. Sie kamen aus den verschiedensten Teilen Englands und hatten nur eine einzige Gemeinsamkeit: die Pilgerreise nach Canterbury. In allem anderen unterschieden sie sich voneinander, in Stand, Alter, Geschlecht und Charakter. Sie waren ein Spiegelbild der englischen Gesellschaft jener Zeit, des ausgehenden 14. Jahrhunderts.

Da waren zum Beispiel ein kampferprobter Ritter und ein heruntergekommener Bettler, ein trinkfreudiger Polizist und ein gebildeter Arzt. Dazu gesellten sich ein gutherziger Priester, eine mannstolle Witwe, eine fromme Nonne, ein grobschlächtiger Müller und viele andere mehr. Er war ein sozialer Querschnitt des damaligen Englands, bei dem nur die Angehörigen des Hochadels fehlten. Aber die waren dem normalen Bürger ohnehin fremd, ganz so, als lebten sie in einer anderen Dimension.

Die zusammengewürfelte Gesellschaft fand sich nun also in der Stube des Gasthauses zusammen, und am nächsten Tag würden alle ihren Weg in Richtung Canterbury fortsetzen. Da hatte der Wirt eine kluge Geschäftsidee: Er initiierte einen Wettstreit zwischen den Reisenden, und die Prämie des Siegers sollte eine köstliche Mahlzeit in seinem Wirtshaus sein, spendiert von allen anderen neunundzwanzig Pilgern gemeinsam.

Eine ganz schön schlaue Idee war das: Der Wirt würde nicht nur an der ausgeschriebenen Mahlzeit verdienen, nein, er brächte auf diese Art auch alle Reisenden wieder zurück in sein Gasthaus! Und da würden sie für guten Umsatz sorgen.

Doch auch den Pilgern gefiel der Einfall des Wirtes. Denn der versprach zum einen Kurzweil auf der bevorstehenden Reise, zum andren garantierte er unterwegs den Zusammenhalt der Reisegruppe, was in den unsicheren Zeiten angesichts streunender Räuberbanden ein klarer

Vorteil war. Man ließ sich deshalb gerne auf den Vorschlag des Wirtes ein.

Und der war wie folgt: Jeder Teilnehmer der Wallfahrt sollte den anderen auf dem Hinweg nach Canterbury zwei Geschichten erzählen, und auf dem Rückweg desgleichen. Dann sollten sie gemeinsam entscheiden, wer die Sache am besten gemacht hatte und so den Sieger ermitteln. Auf diese Weise würden also hundertzwanzig Geschichten erzählt werden. Geschichten aus dem Lebensalltag der drei mittelalterlichen Stände von Adelsleuten, Bauern und Klerus.

Ein hübscher Rahmen, den sich Geoffrey Chaucer da für seine Geschichtensammlung ausgedacht hatte. Inspiriert hatte ihn ein kurz vorher in Italien erschienenes Werk, das schnell zum internationalen Bestseller avanciert war: Das „Dekameron“ von Giovanni Boccacio.

Genau wie schon der Italiener vor ihm nutzte auch Chaucer die allgemeine Volkssprache für sein Werk. Das war eine Innovation, denn bisher wurde Literatur in England entweder im höfischen Französisch oder in der allgemeinen Bildungssprache Latein verfasst. Chaucer schrieb erstmals in englischer Sprache, damit machte er seine Geschichten nicht nur einem breiten Publikum zugänglich, sondern er ebnete auch seiner Muttersprache den Weg zur anerkannten Literatursprache.

Und er verstand sich dieser Sprache vorzüglich zu bedienen. Bis auf zwei sind seine Texte in Versform abgefasst und spielen dabei so leicht und beschwingt mit den Wörtern, dass es bis heute eine reine Freude ist, sie zu lesen. Chaucer beherrschte es meisterhaft, mit knappen Reimen präzise, schlagkräftige und witzige Aussagen zu machen.

Die Geschichten, die als die „Canterbury Tales“ berühmt wurden, erzählen von den Dingen des Alltags, von Liebe und Eifersucht, von Freundschaft und Verrat, von Gier und Niedertracht. Es gibt tiefsinnige Fabeln und moralische Predigten, spirituelle Gedichte und zotige Schwänke. Viele Geschichten handeln vom Missbrauch der Religion durch scheinheilige Filous.

So lässt Chaucer den rothaarigen, raufsüchtigen Müller erzählen, der mit seinem unablässigen Dudelsackspiel die anderen Pilger zur Raserei bringt, und den geistlichen Büttel, der nach übermäßigem Alkoholgenuss nur noch Lateinisch spricht, sodass ihn keiner mehr versteht. Die Nonne näselt in gebildetem Französisch, das sie in englischen Schulen erlernt hat, und das doch ohne jede Alltagstauglichkeit ist. Die sinnliche Witwe, die schon fünf Ehemänner unter die Erde gebracht hat, begibt sich nun auf eine Wallfahrt nach der anderen, um sich so einen sechsten Mann zu angeln, doch der mitreisende Gutsverwalter kommt dafür nicht infrage, denn er ist ein dürrer und humorloser Choleriker. Es ist eine bunte Gesellschaft, geradezu prädestiniert dazu, äußerst unterschiedliche und komische Geschichten zu erzählen.

Doch leider waren bei Chaucers Tod erst einundzwanzig Geschichten zu Ende geschrieben, sodass die Canterbury Tales unvollendet blieben. Schade. Wir werden also nie erfahren, wer am Ende in den Genuss der Gratismahlzeit kam.

Und dennoch sind die Canterbury Tales ein Meilenstein der englischen Literatur. So wurde denn auch Geoffrey Chaucer nach seinem Tod im Jahr 1400 als erstem Dichter die Ehre zuteil, in der „Dichterecke" der Westminster Abbey bestattet zu werden.

PEA STEW WITH PORK CHEEK – ERBSENEINTOPF MIT SCHWEINEBACKE

Zutaten für 4 Personen: *300 g getrocknete gelbe Schälerbsen, 400 g Schweinebacke, 300 g mehlig kochende Kartoffeln, 150 g magerer Speck, 300 g Möhren, 2 Porreestangen, 2 Zwiebeln, 1 Bund Blattpetersilie, 2 Lorbeerblätter, 5 Wacholderbeeren, 5 Pimentkörner, 1 El Curry, Salz, Pfeffer*

Zubereitung: *Die Erbsen über Nacht in Wasser einweichen.*

Die Zwiebeln schälen und grob würfeln. Die Schweinebacke in einem Topf mit 2 l Wasser bedecken, Zwiebeln und Lorbeerblätter zugeben. Wacholderbeeren und Pimentkörner in ein Teeei füllen und ebenfalls zugeben. Salzen, pfeffern, aufkochen lassen und anschließend 45 Minuten lang bei geringer Hitze köcheln lassen. Dann die Erbsen abgießen, hinzugeben und weitere 45 Minuten köcheln lassen.

In der Zwischenzeit den Speck in kleine Würfel schneiden, in eine Pfanne ohne Fett geben und knusprig braten.

Kartoffeln und Möhren schälen und grob würfeln, Porree putzen und in 1 cm dicke Scheiben schneiden.
Nun das Teeei und die Lorbeerblätter aus dem Topf entfernen. Die oben auf der Suppe schwimmenden Trübstoffe abschöpfen, das Fleisch herausnehmen und in Alufolie wickeln. Etwa zwei Drittel der Erbsen mit dem Schaumlöffel herausnehmen und beiseitestellen, dann die Suppe mit dem Passierstab pürieren. Anschließend die herausgenommenen Erbsen wieder hinzugeben und Porree, Kartoffeln, Möhren und Speck ebenfalls zur Suppe geben. Aufkochen, den Curry einrühren und mit Salz und Pfeffer abschmecken. Dann die Hitze reduzieren und weitere 30 Minuten lang köcheln lassen.
Die Petersilienblättchen abzupfen und hacken. Die Schweinebacke in Scheiben schneiden und gegen Ende der Garzeit zurück in die Suppe geben. Kurz warm werden lassen, dann die Suppe vom Herd nehmen und die Petersilie unterrühren.
Mit kräftigem Bauernbrot servieren.

John, Paul, George und Ringo – die Erfindung der Popmusik

Es regnete in Strömen. Das war nicht gerade selten hier, in dieser grauen Stadt. Ein junger Bursche stand an einer Bushaltestelle und wartete auf den Bus, aber der kam und kam nicht. Auch das war keine Seltenheit. Einen Fahrplan gab es nicht. Der Bus kam, wann immer er kam.

Gegenüber im Frisörsalon zeigte der Frisör seinen Kunden Fotos von allen möglichen Leuten, die er mal getroffen hatte. Der junge Mann beobachtete, dass jeder, der vorbeiging, kurz seinen Kopf zur Ladentür hineinstreckte und den Frisör begrüßte. Der musste wohl sehr beliebt sein!

Ein Bankangestellter parkte derweil seinen Wagen, während ein paar Kinder sich über ihn lustig machten. Er konnte sich ein Auto leisten und war offensichtlich nicht so arm wie die anderen Leute. Aber merkwürdig, er trug nie einen Regenmantel, mochte es auch noch so sehr gießen!

Dann kam der Feuerwehrmann mit einer Sanduhr vorbei, in seiner Tasche hatte er ein Portrait der Königin. Und mitten auf der Verkehrsinsel, an der großen Kreuzung bei der Kirche, war ein Kiosk, dort verkaufte eine hübsche Krankenschwester Mohn. Sie benahm sich ganz wie ein Filmstar.

Der Bankangestellte wartete inzwischen im Frisörsalon, während der Frisör einen Kunden rasierte. Dann stürzte auch noch der Feuerwehrmann aus dem strömenden Regen in den Laden hinein – das war echt total abgedreht!

All das beobachtete der junge Mann, er hieß Paul, während er auf den Bus wartete. Hier, in seinem Viertel. Gleich um die Ecke war er aufgewachsen, genau wie sein neuer Freund John, der bei seiner Tante Mimi wohnte.

John war sechzehn und hatte schon eine eigene Band, die „Quarrymen". Mit der war er beim Kirchenfest im Liverpooler Stadtteil Woolton aufgetreten. Wie gerne wäre Paul dabei gewesen! Aber er hatte Glück gehabt. Nach dem Auftritt stellte ein Kumpel ihn John vor, und Paul zeigte John, dass er singen konnte. John nahm ihn in die Band auf. Es war das Jahr 1957.

Die Beobachtungen, die Paul an jenem Regentag gemacht hatte, notierte er in ein kleines Heft. Zehn Jahre später zeigte er es John. Da waren sie gemeinsam in London, in den Abbey Road Studios, und sie beschlossen, aus den Notizen einen Song zu machen. Sie benannten ihn nach der Straße, in der die Notizen entstanden waren: Penny Lane.

In der Zwischenzeit war viel passiert. Anfang des Jahres 1958 hatte Paul seinen Freund George mit in die Gruppe gebracht, obwohl dieser erst vierzehn Jahre alt war. George war ein bisschen schüchtern und stand im Schatten der selbstbewussten Bandleader John und Paul. Aber er verstand etwas von Musik. Noch im gleichen Jahr veröffentlichten die Quarrymen ihre erste Schelllackplatte. Die Musik der Boygroup war jung und frisch – allerdings noch lange nicht ausgereift.

Noch war nicht so richtig klar, wohin der Weg gehen sollte. Die Bandmitglieder um John, Paul und George wechselten genauso wie der Name der Band. Dann, mittlerweile war es das Jahr 1960, nannten sie sich schließlich „The Beatles“, wobei der Begriff „Beatles“ ein Wortspiel aus der Bezeichnung „Beat“ für die Musikrichtung und „Beetle“, dem englischen Wort für Käfer, ist.

John Lennon hat später erzählt, der Name sei ihm durch die Vision von einem Mann auf einem brennenden Kuchen eingegeben worden. Aber bekanntlich haben die Beatles ja in den Folgejahren auch mit Drogen und spiritueller Bewusstseinserweiterung experimentiert.

Der ersehnte Erfolg blieb vorerst noch aus. So ergriffen sie die Gelegenheit, sich mit einem Engagement auf Hamburgs Reeperbahn endlich mal ein bisschen Geld zu verdienen. Das raue Umfeld mit Sex, Drogen und Alkohol prägte die Jungs aus Liverpool. Der Zeitgeist forderte wüste Bühnenshows, und dem trugen die Beatles Rechnung. Sie avancierten schnell zu Hamburgs Geheimtipp Nummer eins. Es war ein deutscher Fotograf, der ihnen in jener Zeit ihre berühmte Mop-Frisur verpasste: Die „Pilzköpfe“ waren erfunden!

In Hamburg begegneten sie auch Ringo Starr, der ebenfalls aus Liverpool stammte und mit einer anderen

Band unterwegs war. Doch sie mussten Deutschland trotz ihres Erfolges schon nach kurzer Zeit wieder verlassen, weil George Harrison mit siebzehn Jahren noch minderjährig war. Sie kehrten nach Liverpool zurück und konnten dort bei einem Konzert im Dezember 1960 einen Riesenerfolg feiern. Offensichtlich hatten die Monate in Hamburg Früchte getragen.

Fortan traten sie im Cavern Club auf, einer verruchten Spelunke in Liverpools Innenstadt. Die Erfolgsstory setzte sich auch weiter fort, nachdem John, Paul und George sich von ihrem beliebten Drummer Pete Best trennten und 1962 Ringo Starr dessen Platz einnahm: Sie erlebten mit „Love Me Do" und „Please Please Me" ihren großen Durchbruch. Und ein Jahr später entwickelte sich der Erfolg endgültig zur Massenhysterie. Nach „She Loves You" konnten sie nur noch unter Polizeischutz zu ihren Auftritten gelangen. Bis heute hat keine britische Singleaufnahme den Erfolg von „She Loves You" einzustellen vermocht: 1,6 Millionen Exemplare!

Aus den Beatles wurden die „Fab Four" – die „fabelhaften Vier" – und das neue Phänomen der euphorisch kreischenden Fans nannte man „Beatlemania". Wie eine Epidemie verbreitete sich diese unter der Jugend der westlichen Welt – kopfschüttelnd und verständnislos betrachtet von der älteren Generation. Es wurde immer schwerer für die vier Musiker, ihren Fans zu entkommen: In Birmingham verkleideten sie sich als Polizisten, in

Plymouth kamen sie sogar nur davon, indem sie durch die Kanalisation flohen, während die Polizei die durchgedrehten Fans mit Wasserwerfern in Schach hielt.

Die folgenden Jahre sind ein prächtig bunt schillerndes Stück Popgeschichte. Doch das Ende des Jahrzehnts brachte auch das Aus für die Beatles. Im Rausch der Ereignisse hatten die Bandmitglieder sich schließlich entzweit. 1970 trennten sich ihre Wege, und alle Verzweiflung ihrer Fans weltweit vermochte sie nicht wieder zusammenzuführen.

Die Stadt Liverpool hat etliche Jahre gebraucht, um den lokalpatriotischen Wert ihrer vier berühmtesten Söhne zu erkennen. Man achtete zunächst nicht auf den legendären Cavern Club, der 1973 geschlossen wurde. Dann, als Liverpool eine U-Bahn baute, wurde er einfach abgerissen. Erst 1984 baute man ihn wieder auf – möglichst originalgetreu und unter Verwendung einiger Steine des alten Cavern Club. Nun steht er wieder, schmuddelig-düster wie in alten Tagen, in der Mathew Street Number 10 – und doch ist es nicht mehr das Gleiche. Das Gelände des früheren Heilsarmee-Waisenhauses „Strawberry Field" im Liverpooler Ortsteil Woolton ist abgeriegelt. Hier spielte John Lennon während seiner Kindheit und verarbeitete später seine Erinnerungen in dem psychedelisch-surrealen Song „Strawberry Fields Forever". Nur die Kritzeleien am roten Gartentor, das auf das Gelände führt, verraten, dass seine Fans die Strawberry Fields nicht vergessen haben.

Das Haus, in dem Paul McCartney aufwuchs, ist originalgetreu erhalten, sogar mitsamt der Möbel und der Bilder an den Wänden. Es gehört dem National Trust. Eine Besichtigung ist allerdings nur nach Voranmeldung möglich. Doch am historischen Albert Dock am Ufer des Flusses Mersey ist in den Neunzigerjahren mit dem Museum „The Beatles Story" eine wundervolle Hommage an die Pilzköpfe entstanden. Und Liverpools Flughafen wurde in „Liverpool John Lennon Airport" umbenannt – zweiundzwanzig Jahre nach der Ermordung John Lennons durch einen geistig verwirrten Attentäter im Dezember 1980.

Die melancholische Liebeserklärung der Beatles an „Penny Lane" war ein Riesenerfolg. Immer wieder wurden die Straßenschilder der Penny Lane im Ortsteil Wavertree heimlich von Fans abmontiert. Zwischenzeitlich ließ die Stadt Liverpool sie kurzerhand auf Wände aufmalen, sodass man schon ein Stück Mauer aus den Häusern der Penny Lane hätte brechen müssen. Mittlerweile sind die Straßenschilder aber fest und diebstahlsicher im Boden verankert. Und erinnern nun jeden Passanten an Paul McCartneys Beobachtungen. Damals, vor vielen Jahrzehnten, als er an der Bushaltestelle stand und wartete.

Penny Lane is in my ears and in my eyes,
there beneath the blue suburban skies…

VEGETARIAN MOUSSAKA

Zutaten für 4 Personen: *400 g Auberginen, 400 g passierte Tomaten, 125 g Ricotta, 125 g griechischer Joghurt, 3 Eier, 100 g rote Linsen, 50 g geriebener Pecorino, 1 rote Zwiebel, 1 rote Chilischote, 2 Knoblauchzehen, 50 g Tomatenmark, 1 Zimtstange, 1 kl. Bund Blattpetersilie, Muskatnuss, Olivenöl, Salz, Pfeffer*

Zubereitung: *Die Linsen 10 Minuten lang in 300 ml siedendem Salzwasser kochen, dann beiseitestellen. Die Auberginen in ca. 5 mm dicke Scheiben schneiden und in heißem Olivenöl goldbraun backen. Auf Küchenpapier abtropfen lassen, salzen und pfeffern.*

Die Chilischote entkernen und klein hacken, Zwiebel und Knoblauch häuten und fein würfeln. Danach in heißem Olivenöl braten, bis alles leicht gebräunt ist. Das Tomatenmark zugeben und gut verteilen. Salzen und pfeffern, danach die passierten Tomaten und die Zimtstange beigeben. Aufkochen, dann die Hitze reduzieren und 10 Minuten lang köcheln lassen. Nun die Linsen unterrühren, erneut aufkochen und anschließend bei reduzierter Hitze weitere zehn Minuten lang ziehen lassen. Dann die Zimtstange entfernen.

Die Petersilienblättchen abzupfen, fein hacken und unter die Linsen-Tomatenmasse ziehen. Die Hälfte der Auberginenscheiben auf den Boden einer Auflaufform schichten und mit der Linsen-Tomatenmasse bedecken, die restlichen Auberginen darauf verteilen.

In einer Schüssel Ricotta, Joghurt und Eier miteinander vermischen, salzen, pfeffern und mit Muskatnuss würzen. Die Masse über dem Auberginen-Linsen-Auflauf verteilen und zum Schluss den Pecorino darüberstreuen.

Den Backofen auf 180°C vorheizen. Den Auflauf ca. 35-40 Minuten lang überbacken, bis die obere Schicht goldbraun ist. Dann sofort servieren.

Profitstreben versus Moral – der Rinderwahn

Haben Sie das letzte Rezept genauer angeschaut? Es ist eine Idee aus der modernen englischen Küche, die den Bestsellern der internationalen Kost ihren eigenen kreativen Stempel aufdrückt. In diesem Fall wurde die altbewährte griechische Moussaka neu komponiert. Die Idee zu diesem Rezept habe ich aus dem „Delifonseca“, einem Liverpooler Gourmettempel. Aber auch Jamie Oliver hat eine neu komponierte Moussaka im Programm.

Das Besondere an diesen Variationen der Moussaka ist, dass sie auf die Beigabe von Fleisch verzichten. Sie sind vegetarisch. Und das hat seinen Grund: Mehr als drei Prozent der Engländer ernähren sich fleischlos, dazu kommen noch viele, die nur Fisch essen oder überwiegend auf Fleisch verzichten. Fertigprodukte im Supermarkt sind dahingehend gekennzeichnet, ob sie für Vegetarier geeignet sind, die Liste der verfügbaren Fleischersatzprodukte ist lang. Fast alle Restaurants und selbst die Pubs haben vegetarische Gerichte auf ihren Speisekarten. Tatsächlich gilt Großbritannien als eines der vegetarierfreundlichsten Länder Europas.

Einer der berühmtesten Vertreter der Vegetarier Englands ist Paul McCartney. Er besitzt eine Farm auf der schottischen Halbinsel Kintyre. Dort, so hat er einmal erzählt, kam eines Tages ein verirrtes Lamm ins Speisezimmer, als er und seine Frau Linda gerade Lammfleisch aßen. Das war ein Schlüsselerlebnis, von diesem Tag an wurde die vegetarische Ernährung für Paul und Linda Programm. „Nothing with a face“ – „nichts mit einem Gesicht“ – war ihr Motto, und sogar der Hund lebte fortan als Vegetarier. Linda McCartney baute gleich einen ganzen Geschäftszweig auf ihrer Überzeugung auf. Sie gründete ein Unternehmen für vegetarische Fertigprodukte und schrieb Kochbücher, um Anfängern in der vegetarischen Kost auf die Sprünge zu helfen.

War die Überzeugung der McCartneys aus dem Mitgefühl für das kleine Lamm entsprungen, so hat der Fleischverzicht vieler ihrer Landsleute eine ganz andere Ursache. Denn Mitte der Achtzigerjahre brach eine Katastrophe über das Land herein, eine bis dahin völlig unbekannte Seuche verdarb Englands Fleischessern den Appetit: BSE.

Der sogenannte „Rinderwahn“ wird durch Prionen verursacht, das sind fehlgeformte Eiweiße. Sie bewirken eine Degeneration im Hirngewebe. Im Endstadium ist das Gehirn durchlöchert wie ein Schwamm, das betroffene Tier verreckt elendiglich.

Erschreckenderweise musste man feststellen, dass die Krankheit durch Verzehr von Fleisch infizierter Tiere auf den Menschen übertragen werden kann. Da heißt sie dann Creutzfeldt-Jakob-Krankheit und verursacht vergleichbare Störungen, die am Ende zum Tode führen. Die

Inkubationszeit ist allerdings ziemlich lang, wie lang genau, wusste man nicht. Man sprach von einer Spanne, die sich irgendwo zwischen fünf und zwanzig Jahren bewegte.

Die Menschen waren schockiert. Jeder, der irgendwann seit Mitte der Achtzigerjahre in England Rindfleisch gegessen hatte, fragte sich entsetzt, ob er selbst betroffen sein könnte.

Denn in England nahm die Seuche ihren Anfang. Hier wurden die ersten Fälle von Rinderwahn entdeckt. 1985 und 1986 erkrankten zehn Rinder in der Grafschaft Kent, im Laufe kurzer Zeit stiegen die Erkrankungsfälle auf mehr als 36.000 an. Eine Behandlung gab es nicht, die Tiere verendeten innerhalb weniger Wochen.

Der Schock der Verbraucher stieg noch weiter an, als man die Ursache für die Infektion ausmachte: Die Rinder waren mit Kraftfutter gefüttert worden, dem mit Erregern verseuchtes Tiermehl beigemengt war. Rinder, die doch reine Vegetarier sind, mit Fleisch- und Knochenmehl zu füttern, war nun wirklich mehr als unappetitlich. Es war geradezu abscheulich.

Man vermutet heute, dass es an Rinder verfütterte Schafskadaver waren, die BSE auslösten. Denn bei Englands Schafen gab es schon lange eine ähnliche Erkrankung, die Scarpie, die allerdings für Menschen nicht ansteckend war. Anders BSE. Durch Mutation war der Erreger auf dem Umweg über das Rind auch für Menschen gefährlich geworden.

So öffneten in der Folge des Skandals zahllose Verbraucher ihre Augen vor den Praktiken der Lebensmittelindustrie, die artgerechte Haltung und Fütterung zugunsten schneller Mast und hoher Profite in den Hintergrund stellte. Doch auch die Angst vor der eigenen Ansteckung mit der unheimlichen Krankheit verdarb ihnen den Appetit auf Fleisch. Die Zahl der Vegetarier in Großbritannien schnellte zu einem Zeitpunkt in die Höhe, als man in Deutschland noch kopfschüttelnd hinüber auf die Insel blickte. Denn bei uns war so etwas, wie es sich die Briten da geleistet hatten, ja wohl nicht möglich.

In den Neunzigerjahren wurden dann auch Deutschlands Verbraucher bekanntlich eines Besseren belehrt, als in Norddeutschland erste Verdachtsfälle auftraten. Man versuchte zwar, den Skandal zu vertuschen, doch im Jahr 2000 wurde der Erreger schließlich auch bei deutschen Tieren nachgewiesen. Seitdem müssen alle Schlachttiere auf BSE untersucht werden.

Seit Bekanntwerden der Seuche Mitte der Achtzigerjahre sind rund 185.000 Rinder an BSE zu Grunde gegangen oder wurden gekeult, davon allein an die 180.000 in Großbritannien. In der Viehzucht wurden drastische Gegenmaßnahmen ergriffen, um ein weiteres Ausbreiten der Seuche einzudämmen. Beimengungen von Tiermehl zum Rinderfutter gibt es nicht mehr.

Der Erfolg stellte sich ein, die Seuche flaute ab. Bis Anfang 2006 bestand durch die EU ein striktes Exportverbot für britisches Rindfleisch. Seitdem wurde die Krise für beendet erklärt. Britisches Fleisch gilt wieder als sicher.

Das Problem ist damit aber nicht gegessen. Vielmehr liegt das Problem genau darin, dass es bereits gegessen wurde. Und niemand wusste zunächst, wie es mit den Betroffenen weitergehen würde. Prognosen rechneten mit einer Zahl von Creutzfeldt-Jakob-Toten zwischen 136.000 und einer halben Million. Ein Mittel gegen die Krankheit gibt es auch in der Humanmedizin bis heute noch nicht.

Die Zahl der Menschen, bei denen die durch BSE-Erreger verursachte Variante der Creutzfeldt-Jakob-Krankheit festgestellt wurde, hält sich aber auch in Großbritannien in Grenzen. Es sind bisher weniger als zweihundert Todesfälle bekannt geworden. Die Zahl der neu diagnostizierten Erkrankungen ist seit Jahren rückläufig. Mittlerweile hat man zudem festgestellt, dass die Mehrheit der Bevölkerung gegen eine Ansteckung durch BSE-verseuchte Nahrung resistent ist. Die durchschnittliche Inkubationszeit vermutet man jetzt bei etwa zwölf bis dreizehn Jahren. Können wir aufatmen?

Eine neue Studie lässt befürchten, dass jeder zweitausendste Brite den Erreger noch in sich trägt. Niemand weiß, ob und wann die Krankheit bei den Betroffenen ausbrechen wird. Durch Bluttransfusionen und Organtransplantationen besteht zudem die Gefahr einer erneuten Ausbreitung.

Eine tickende Zeitbombe?

1986 bin ich nach Liverpool gezogen. Steak und Rinderhackfleisch standen mitunter auch auf dem Speiseplan. Von den kranken Rindern in Kent wusste ich damals noch nichts.

Allerdings hatte ich auch ganz andere Probleme.

Vegetable scones – Gemüsebrötchen

Zutaten für 4 Personen*: 500 g Mehl, 200 ml Milch, 1 Pck. Backpulver, 1 rote Zwiebel, 3 Frühlingszwiebeln, 1 kleine Zucchini, 1 Möhre, 1 kl. Bund Blattpetersilie, 150 g Cheddar, 3 El Olivenöl, Cayennepfeffer, Salz, Pfeffer*

Zubereitung*: Die Zwiebel schälen und sehr fein hacken. Die Frühlingszwiebeln putzen und in feine Röllchen schneiden. Möhre und Zucchini putzen und raspeln. Den Käse reiben. Die Petersilienblättchen abzupfen und fein hacken.*

Auf einer Arbeitsplatte das Mehl aufhäufen und in die Mitte eine Kuhle formen. Milch, Backpulver, Öl, Gemüse, Petersilie und Käse hineingeben, salzen und pfeffern, mit etwas Cayennepfeffer würzen und alles zu einem geschmeidigen Teig verarbeiten. Bei Bedarf noch etwas Milch hinzugeben.

Anschließend aus dem Teig runde Brötchen von etwa 8 cm Durchmesser formen und auf ein mit Backpapier ausgelegtes Backblech legen. Die Oberseite jeweils leicht plattdrücken. Danach die Oberseite mit etwas Wasser anfeuchten.

Den Backofen auf 200°C vorwärmen und die Scones ca. 25 Minuten lang backen, bis sie goldbraun sind.

Mit gesalzener Butter und Salat servieren, solange sie noch warm sind.

Ein schlammiger Pfuhl – die Eighties in Liverpool

Mitte der Achtzigerjahre zog ich nach Liverpool. Ich muss zugeben, dass ich dabei nicht von besonderer Motivation beflügelt wurde. Der Umzug war der Notwendigkeit geschuldet, keineswegs einer freien Wahl. Denn ich kannte Liverpool von einigen Besuchen her, und Liverpool war für mich der Inbegriff des Hässlichen.

Durch die große, graue Stadt zog sich der Fluss Mersey wie ein breites, schmutzig-braunes Band. Schmutz, das schien überhaupt das Synonym für Liverpool zu sein. Der Name „Liverpool" bedeutet im Deutschen in etwa „schlammiger Pfuhl". Muss man dazu noch etwas sagen?

Es schien, als ob die Stadt sich wirklich intensiv bemühte, diesem Namen alle Ehre zu machen. Öffentliche Abfalleimer hatten Seltenheitswert, weshalb es sich die Liverpooler – die im lokalen Dialekt „Liverpudlians" heißen – zur Gewohnheit gemacht hatten, ihren unterwegs anfallenden Müll einfach direkt auf die Straße zu werfen. Das Resultat waren Dreckhaufen an allen Ecken, zusammengeweht vom scharfen Wind, der über die nahe Irische See herfegte. Die Rinnsteine waren voller leerer Dosen und zusammengeknülltem Papier, die schmuddeligen Straßenpflaster wild gemustert von ausgespuckten und plattgetretenen Kaugummis. Liverpool war ein wahres Dreckloch.

Die Fassaden der Häuser glotzten mit bröckelndem Putz freudlos auf die verwahrlosten Straßen herab. Hinter den schmutzigen Fensterscheiben hingen vergilbte Gardinen, und die allgemeine Tristesse spiegelte sich auch in den langen Gesichtern der Menschen aller Ethnien, die die Stadt bevölkerten. Das Slumgebiet nahe der Universität schockierte mich vielleicht am meisten. In relativ neuen, jedoch schon komplett verkommenen Plattenbauten hausten hier die Bewohner in Verhältnissen, die ich niemals für möglich gehalten hatte. Schließlich kam ich aus dem verwöhnten Wohlstandsdeutschland der Siebziger- und frühen Achtzigerjahre. Was lief nur schief in dieser Stadt?

Liverpool war zu Beginn des 13. Jahrhunderts als Hafenstadt gegründet worden. Der an dieser Stelle im Mündungsbereich schon recht breite Fluss Mersey bot die optimale Möglichkeit, einen geschützten Hafen mit Zugang zur nahen Irischen See anzulegen, der auch für größere Schiffe geeignet war. Im Laufe der Zeit entwickelte sich dieser Hafen und prosperierte besonders seit dem frühen 18. Jahrhundert, als man neuartige Docks anlegte, die mit Schleusentoren verschließbar waren. Durch diesen Trick blieben sie unabhängig von den Gezeiten stets mit Wasser gefüllt, was ihre Nutzbarkeit entscheidend verbesserte.

Im Hinterland von Liverpool boomten Industriestädte wie Manchester, Leeds, Sheffield und Birmingham. In den dortigen Manufakturen fertigte man zahlreiche Waren, die über Liverpools Hafen verschifft wurden. Es entstand der lukrative sogenannte „Dreieckshandel“: Grobe Stoffe, Stahlbarren, Feuerwaffen und Glasperlen wurden nach Afrika transportiert und dort gegen Sklaven eingetauscht. Die Sklaven wurden weiter in die Karibik verfrachtet, von wo aus man wiederum Rohrzucker, Melasse, Kaffee, Baumwolle und Rum nach England schaffte.

Im Zuge der Industrialisierung wurden die Verkehrsanbindungen innerhalb von England laufend verbessert, zwischen Liverpool, London, Glasgow und Manchester verkehrten regelmäßig Kutschen. Der Liverpool-Leeds-Kanal verband die Stadt mit dem Herzen von Nordengland, und schließlich baute man eine Eisenbahnlinie. Von Liverpool aus handelte man jetzt mit der ganzen Welt, insbesondere mit den Ländern des Commonwealth. Die Stadt boomte.

Der florierende Hafen brachte schon früh zahllose Einwanderer in die Stadt. Allein zwischen 1841 und 1851 stieg die Bevölkerung von 223.000 auf 376.000 Einwohner. Die meisten Zuwanderer jener Tage waren Iren, die gekommen waren, um eine Passage nach Amerika zu ergattern. Diese konnten sie sich allerdings dann doch nicht leisten, deshalb blieben sie kurzerhand in der Stadt. Der noch immer aufstrebende Hafen sorgte für hinlänglich viele Arbeitsplätze. Zu Beginn des 19. Jahrhunderts wurden sagenhafte vierzig Prozent des Welthandels über Liverpools Hafen abgewickelt. Trotzdem war der Wohlstand in der

Stadt keineswegs gerecht verteilt. Während die Händler ihren Reichtum mehrten, lebten die schlecht bezahlten Dockarbeiter in finsterster Armut. Sie vegetierten in verdreckten Kellerlöchern und Hinterhöfen vor sich hin, während die Elite sich in Villenvororte zurückzog.

Anfang des 20. Jahrhunderts entstanden prachtvolle Gebäude entlang des Kais, unter anderem das „Royal Liver Building", das ursprünglich Sitz einer Versicherung war. Das im klassizistischen Stil erbaute imposante Neunzig-Meter-Hochhaus mit seinen dreizehn Stockwerken hatte eine innovative Stahlbetonkonstruktion und wurde damit zum Vorbild für zahlreiche andere Wolkenkratzer.

Doch die Zeiten änderten sich. Der Untergang der Titanic, deren Heimathafen Liverpool gewesen ist, wirkt fast wie ein Symbol für den Verfall der Stadt, die im Jahr 1930 noch 850.000 Einwohner zählte. Dann kam der Zweite Weltkrieg, in dessen Folge Liverpool bei Angriffen deutscher Kampfbomber stark in Mitleidenschaft gezogen wurde. Zweitausendfünfhundert Einwohner starben.

Als der Krieg zu Ende ging, veränderte sich die Welt. Obwohl der Hafen ehrgeizig weiter ausgebaut wurde, sank seine Bedeutung mit dem unaufhaltsamen Niedergang der englischen Industrie kontinuierlich. Entsprechend verarmte die Stadt. Die Arbeitslosenzahlen stiegen ins Unermessliche. Wer es sich erlauben konnte, machte sich davon. Als ich 1986 nach Liverpool kam, war die Einwohnerzahl auf 460.000 gefallen.

Geblieben waren die Ärmsten, viele davon hatten zudem einen Migrationshintergrund und waren schlecht ausgebildet. Es fehlten Geld, ein Konzept und vielleicht auch der Wille, deren meist äußerst prekäre Lebensumstände zu ändern. Die Stadt bot ein Bild der allgemeinen Trostlosigkeit. Die Frustration der vergessenen Bürger von Liverpool fand 1981 ihren Ausdruck in schweren Ausschreitungen, als sich mehrheitlich schwarze Liverpooler gegen die örtliche Polizei auflehnten. Ausufernde Plünderungen und Straßenschlachten ließen den Polizeichef gar die Verhängung des Kriegsrechts fordern. In den Folgejahren gab es immer wieder Streiks und Massendemonstrationen.

Die Arbeitslosenquote lag kontinuierlich bei mehr als dreißig Prozent, in den ärmsten Stadtvierteln gar bei über neunzig Prozent. Die hohen Sozialleistungen hatten die Stadt Mitte der Achtzigerjahre in die Zahlungsunfähigkeit getrieben. Sie war die ärmste Stadt Europas und sah entsprechend desolat und elend aus.

Selbst die großen Parkanlagen der Stadt wirkten seltsam öde. Schöne alte Bäume reihten sich um sterile Rasenflächen, die Böden der Kinderspielplätze waren grau asphaltiert, die Klettergerüste verrostet. Der legendäre „Mersey Sound“, die Popkultur Liverpools, deren zentrale Figuren die Beatles gewesen waren, schien verstummt. Der alte Cavern Club war abgerissen worden, und Penny Lane war nichts anderes als irgendeine langweilige Straße, die sich nicht im Geringsten von den zahllosen anderen Straßen unterschied.

Mehrfach schlug mir von älteren Leuten offene Feindseligkeit entgegen, wenn sie bemerkten, dass ich Deutsche war. Nach der unglückseligen Rolle der Deutschen im Zweiten Weltkrieg war das nur zu verständlich. Doch half mir das nicht unbedingt dabei, mich in Liverpool wohler zu fühlen.

Ich zog in ein kleines Reihenhaus in Woolton, einem der besseren Viertel der Stadt. Trotzdem war das Haus heruntergekommen und extrem verschmutzt. Die Maklerin, eine gepflegte englische Lady, hatte eine klaffende Zahnlücke zwischen den Schneidezähnen im Oberkiefer. Das Gesundheitswesen war marode und Zahnersatz teuer. Selbst diejenigen, die noch Arbeit hatten, konnten sich das oft nicht leisten. Es wurde immer schwerer, wenigstens die Fassade von Würde noch aufrechtzuerhalten.

Der allgemeine Verfall wirkte ansteckend. Irgendwann spielte das anscheinend auch einfach keine Rolle mehr. Die Abwärtsspirale schien unaufhaltsam.

Da bot auch ein wärmendes Eintopfgericht kaum noch Trost. Der stark akzentuierte und im Singsang unterschiedlicher Tonhöhen gesprochene Liverpooler Dialekt heißt „Scouse“. Diesen Namen hat er vom typischen Seemannsessen der Stadt. „Scouse“ ist die Kurzform von „Lobscouse“, und das wiederum wurzelt im deutschen „Labskaus“. Über die Meere hat sich diese Spezialität in

Norwegen, Dänemark, Schweden und Norddeutschland verbreitet und wurde von dort nach Liverpool gebracht, wo eine eigene Variante entwickelt wurde.

Scouse

Zutaten für 4 Personen: *250 g Rindergulasch, 250 g Lammbrust, 2 Zwiebeln, 400 g Möhren, 2 kg Kartoffeln (mehlig kochend), 50 ml Pflanzenöl, Worcestershiresauce, Salz, Pfeffer*

Zubereitung: *Das Fleisch waschen, trockentupfen und in mundgerechte Stücke schneiden. Die Zwiebeln schälen und grob würfeln. Die Möhren schälen und in Scheiben schneiden. Die Kartoffeln ebenfalls schälen. Ein Viertel davon fein würfeln, den Rest in größere Stücke schneiden.*

In einem Topf das Öl erhitzen und sodann das Fleisch darin rundum anbräunen. Dabei mit ein paar guten Schuss Worcestershiresauce würzen.

Anschließend die Zwiebeln auf das Fleisch legen, danach die Möhren darauflegen und schließlich das fein gewürfelte Viertel der Kartoffeln. Salzen und pfeffern und den Topf bis zur Hälfte mit Wasser füllen. Aufkochen lassen, dann bei geringer Hitze zwei Stunden lang köcheln lassen. Danach die restlichen Kartoffelstücke hinzugeben und noch einmal mit Worcestershiresauce würzen. Weitere zwei Stunden lang köcheln lassen, dabei gelegentlich umrühren. Bei Bedarf etwas Wasser nachgeben, das Scouse darf nicht am Boden ansetzen. Durch die zerfallenen Kartoffeln hat es aber eine sämige Konsistenz.

Mit Rotkohl, Roter Bete, eingelegten Zwiebeln und knusprigem Brot servieren.

Scouse schmeckt am besten, wenn man es noch einmal aufwärmt, weil der Geschmack dann intensiver ist. Die Armeleutevariante von Scouse heißt „Blind Scouse" und enthält kein Fleisch.

Black pepper? – Der englische Humor

In der zweiten Hälfte des letzten Jahrhunderts mussten die erfolgsverwöhnten Engländer nicht nur in Liverpool lernen, mit Rückschlägen zu leben. Das einst so mächtige Empire war zu einem kleinen Inselreich zusammengeschnurrt, die ehemals florierende Wirtschaft dümpelte nur noch vor sich hin. Doch so bitter die Zeiten auch sein mochten, eines ließen die Engländer sich nicht nehmen: ihren berühmten Humor.

Englischer Humor ist in erster Linie trocken. Egal, wie absurd die Situation auch sein mag, Emotionen bleiben außen vor. Oft ist es erst das unbewegte „Stone Face" des Handelnden, der nicht zu begreifen scheint, was um ihn herum geschieht, das die Komik erzeugt.

Englischer Humor schreckt vor keinem Tabu zurück und ist oft makaber, mitunter auch geschmacklos. Er ist direkt bis zur Brutalität. Und trotzdem bleibt er höflich distanziert und schätzt das kühle Understatement. Nichts ist dem englischen Humor zu irrwitzig, zu skurril, zu blöde oder zu morbid. Er liebt Ironie, Doppeldeutigkeit, Respektlosigkeit und jongliert dabei munter und völlig ungeniert mit dem Gefühl des Fremdschämens. In seiner düstersten Schwärze gleitet er bis ins Groteske ab.

Deshalb ist der englische Humor nicht jedermanns Sache und wird vor allem außerhalb von England nicht immer geschätzt. Und doch ist er ein so typisches Markenzeichen Englands, dass man gerade über ihn die Engländer vielleicht am besten verstehen lernen kann.

Dabei liegt der Witz oftmals ganz einfach darin, dass er auf so direkte, schnörkellose Art vermittelt wird: „*Wie nennt man einen Bumerang der nicht zurückkommt? – Stock.*"

Die meist etwas schrägen Typen unter Englands berühmtesten Komödianten spielen das Klischee vom typischen Landsmann auf liebenswerte Art und halten dem biederen, reaktionären und scheinbar humorlosen Engländer auf beispielhafte Weise einen Spiegel vor die Nase. Einer ihrer berühmtesten Vertreter ist der legendäre John Cleese, der mit dem cholerischen und stets überforderten Hotelbesitzer Basil Fawlty, dessen resoluter, überkandidelter Gattin Sybil, dem chaotischen spanischen Kellner Manuel und Zimmermädchen Polly – der einzig Normalen in der Runde – in „Fawlty Towers" Fernsehgeschichte schrieb.

John Cleese war Mitglied der Komikertruppe Monty Python, die mit der Fernsehserie „Monty Python's Flying Circus" und mehreren Kinofilmen seit den Siebzigerjahren auch deutsche Zuschauer zu begeistern vermochte. Ihr erfolgreichster Film ist „Das Leben des Brian", die Geschichte eines naiven Juden, der zur gleichen Zeit wie Jesus geboren und aufgrund von Missverständnissen ständig mit dem Messias verwechselt wird. Mit beißender Satire nehmen Monty Python in diesem Film den fanatischen Dogmatismus religiöser und politischer

Gruppierungen auf die Schippe. Und dabei nehmen sie keinerlei Rücksicht auf Empfindlichkeiten jeglicher Art.

In den Achtzigerjahren wurde „Spitting Image" populär, eine Fernsehshow, in der bekannte Persönlichkeiten in Form von extrem hässlichen Latexpuppen karikiert und veralbert wurden. Schon der Name ließ darauf schließen, dass es hier zur Sache geht, denn „Splitting Image" bedeutet „Doppelgänger". Doch durch das Weglassen des Buchstabens „l" wurde daraus das „spuckende Abbild". Den beißenden Humor dieser „Spucker" bekamen in erster Linie Politiker zu spüren, doch auch vor der Royal Family machten die Puppen nicht halt. Die Queen mutierte zu einer leicht verrückten Schrulle, Prince Charles zum stocksteifen Pinsel, Lady Diana zur publicitysüchtigen Tussi, Queen Mum zur senilen Gin-Säuferin und Prinz Andrew zum liederlichen Playboy.

Der Science-Fiction-Autor Douglas Adams schuf das literarische Pendant des englischen Humors mit der Satirereihe „Per Anhalter durch die Galaxis". Das ist die einzige vierbändige Trilogie in fünf Teilen, und ihr verdanken wir nicht zuletzt die Erkenntnis, dass die Antwort auf die Frage nach dem Leben, dem Universum und dem ganzen Rest schlicht „42" lautet.

Der Komiker Benny Hill avancierte mit der „Benny Hill Show" in den Siebziger- und Achtzigerjahren zum erfolgreichsten Frontmann der englischen TV-Unterhaltung. In den verschiedensten Verkleidungen führte er

Sketche auf, die meist mit sexuellen Doppeldeutigkeiten gewürzt waren. Damit hatte er so großen Erfolg, dass die Reihe in mehr als hundert Länder verkauft wurde.

Im neuen Jahrtausend feiert die Sketch-Show „Little Britain“ Erfolge, die sich über die allgemeine Exzentrik der Briten und über soziale Randgruppen lustig macht. Die Figuren werden grotesk überzeichnet und die vielzitierte „politische Korrektheit“ gerät zur Zielscheibe boshaften Spotts. Das Ganze wird aus dem Off im Stil seriöser Dokumentationen von Kommentaren begleitet, die mit sonorem Ernst lächerliche Nonsens-Informationen beisteuern.

Das Komikerduo Hale and Pace hat neben den verschiedensten Sketchen einen Running Gag im Programm, den „Black Pepper“: Aus der gigantischen Pfeffermühle eines italienischen Kellners rieselt im Ristorante frisch gemahlener Pfeffer auf Pizza und Pasta. Doch beileibe nicht nur da. Der eifrige Kellner taucht in den abwegigsten Situationen auf und würzt alles und jeden mit seinem „Black Pepper“. Das ist natürlich übertrieben klamaukig. Aber gerade darin liegt der Witz.

Einer der populärsten Komödiantenexporte Englands ist natürlich Mr. Bean alias Rowan Atkinson. Dieser hat den linkischen, hinterwäldlerischen Trottel auf geradezu perfekte Weise zur Kultfigur gemacht. Wenn der weltfremde Biedermann banale Alltagssituationen durch seine Schusseligkeit in ausgewachsene Katastrophen verwandelt, bedient er sich lediglich seiner überdrehten Gestik und Mimik, um Komik zu erzeugen.

Als postmoderner englischer Komiker gilt Sacha Baron Cohen. Er schlüpft gerne unerkannt in Alter Egos (Borat, Ali G), die andere auf naiv überzogene Art mit beispielloser politischer Unkorrektheit provozieren. Und oft entlarvt Cohen genau dadurch die Vorurteile seines Gegenübers. Die Besonderheit der Komik Cohens liegt in der Vieldeutigkeit seines Humors, bei der die Grenzen zwischen Spaß und erschütterndem Ernst oftmals verwischt werden. Deshalb ruft Cohen auch kontroverse Reaktionen hervor.

Englischer Humor macht vor nichts Halt und sein Ziel ist ausnahmslos jedermann. Auf anarchisch-respektlose Art fallen ihm Autoritäten genauso wie einfache Bürger zum Opfer. Selbst mit Tabuthemen wie Krankheit, Tod, Unfällen oder Katastrophen kennt er keine Berührungsängste.

Er ist Ausdruck einer gelassenen Gesellschaft, die dazu imstande ist, sich selbst mit einem Augenzwinkern zu betrachten.

A giraffe`s coffee would be cold by the time it reached the bottom of its throat. Ever think about that? No. You only think about yourself.

Mulligatawny – eine englische Suppe nach indischem Rezept

Zutaten für 4 Personen: *4 Hähnchenbrüste mit Haut, 500 g Möhren, 200 g rote Linsen, 1 Bund Frühlingszwiebeln, ¼ l Portwein, 4 Schalotten, 1 Zwiebel, 80 g Butter, 1 kl. Bund Blattpetersilie, 2 El Curry, 1 Tl schwarze Pfefferkörner, 4 Gewürznelken, 2 Lorbeerblätter, 1 Tl Kurkuma, 2 El Rosinen, 2 El gestiftete Mandeln, 1 Prise Zucker, Muskatnuss, Pfeffer, Salz*

Zubereitung: *Die Zwiebel schälen und grob würfeln. Die Möhren und Frühlingszwiebeln putzen und in Scheiben bzw. Röllchen schneiden. Die Hähnchenbrüste waschen und trockentupfen. In einem Topf 50 g Butter zerlassen und die Hähnchenbrüste darin scharf anbraten. Dann Zwiebeln und Curry beigeben und gut anrösten. Mit dem Portwein und ¾ l warmem Wasser ablöschen, Möhren und Frühlingszwiebeln beigeben und mit Salz, Pfeffer, Muskatnuss, dem Kurkuma und dem Zucker würzen. Pfefferkörner und Nelken in ein Teeei füllen und zusammen mit den Lorbeerblättern, den Mandeln und den abgespülten Rosinen hinzugeben. Aufkochen, dann bei geringer Hitze 30 Minuten lang köcheln lassen.*

In der Zwischenzeit die Schalotten schälen und sehr fein hacken. Die Petersilienblättchen abzupfen und ebenfalls fein hacken. Anschließend die Hähnchenbrüste herausnehmen, in mundgerechte Stücke schneiden und beiseitestellen. Die Linsen zur Suppe geben, aufkochen lassen und danach 15 Minuten lang köcheln lassen. Die restliche Butter in einer kleinen Pfanne erhitzen und die Schalotten darin goldbraun rösten.

Danach die Schalotten und das Hähnchenfleisch wieder in die Suppe geben und 5 Minuten bei schwacher Hitze ziehen lassen. Teeei und Lorbeerblätter entfernen, zum Schluss die Petersilie unterrühren, auf Tellern verteilen und mit Weißbrot servieren.

The queen of crime – Agatha Christie

Aufgeregt beugten sich ein Mann und eine Frau über ein mit trockenem Schmutz verkrustetes Artefakt. Es war ein Kleinod, uralt und von unschätzbarem Wert, keine Frage. Wie könnte man es säubern, ohne es zu beschädigen?

Unbarmherzig blies der Wüstenwind glühende, staubige Luft unter die schattenspendende Plane, die das Forscherpaar aufgespannt hatte, um sich vor der Sonnenglut zu schützen. Hier Ausgrabungen zu tätigen, war eine harte Arbeit. Denn das Klima von Nimrud, einer fast dreieinhalbtausend Jahre alten assyrischen Stadt am Ufer des Tigris, war gnadenlos. Und doch waren die beiden begeistert von den altorientalischen Schätzen, die sie auf Nimruds Akropolis entdeckten. Die Begeisterung ließ sie alles Ungemach vergessen.

Die Frau nahm das Artefakt einer spontanen Eingebung folgend mit sich ins Zelt hinein. Dort öffnete sie den Tiegel, der ihre Gesichtscreme enthielt, nahm ein weiches Tuch und begann, das Kleinod mit der Creme zu reinigen. Allmählich zeigte sich unter ihren behutsamen Bewegungen eine filigrane Elfenbeinschnitzerei.

Sie war Agatha Christie und hatte ihren zweiten Mann, Max Mallowan, in den Irak begleitet. Er war Archäologe, und sie teilte seine Faszination für die Ausgrabungen im Orient. Und mehr noch: Sie finanzierte seine Arbeit.

Das konnte sie sich leisten, denn sie war die erfolgreichste Kriminalautorin der Welt.

Max hatte sie einige Jahre zuvor in Ur kennengelernt, dem viertausend Jahre alten Zentrum der Sumerer von Mesopotamien. Hier hatte Agatha ein Archäologenpaar besucht, mit dem sie seit einer Orientreise zwei Jahre zuvor befreundet war. Max war vierzehn Jahre jünger als sie, weshalb sie zunächst zögerte, eine Verbindung mit ihm einzugehen. Doch die Liebe siegte. Im September 1930 hatten die beiden in Edinburgh geheiratet.

Es war ein unverhofftes Glück für die damals schon vierzigjährige Agatha Christie. Sie war als Tochter gutsituierter Eltern in der Grafschaft Devon aufgewachsen, doch ihr Vater starb an einer Lungenentzündung, als sie elf Jahre alt war. Die finanziellen Verhältnisse verschlechterten sich danach, und der erste Weltkrieg zerschlug ihren Plan, in Paris Musik zu studieren. Sie arbeitete stattdessen als Krankenschwester, wobei sie Erfahrungen mit verschiedenen Giften sammelte, was ihr später noch sehr nützlich sein sollte. Mit 24 Jahren heiratete sie einen Hauptmann der königlichen Luftwaffe, der in Frankreich im Einsatz war. Agatha blieb in Devon und arbeite weiter als Krankenschwester und Apothekengehilfin. Zum Zeitvertreib begann sie damit, Kriminalromane zu schreiben.

Nach dem Krieg lebte das Paar in London in relativ bescheidenen Verhältnissen, da Agathas Mann als Bankangestellter nicht sonderlich viel verdiente. 1919 bekamen sie eine Tochter, die sie jedoch weitestgehend der Obhut eines Kindermädchens überließen. Denn erst einmal begaben sie sich gemeinsam auf eine einjährige Weltreise. Agathas Mann hatte nämlich die Gelegenheit erhalten, einen Bekannten als bezahlter Berater auf diese Tour zu begleiten.

In den folgenden Jahren wurden erste Romane, Kurzgeschichten und Theaterstücke Agathas veröffentlicht. 1926 hatte sie schließlich mit „Alibi" ihren ersten Sensationserfolg.

Doch 1926 war ein verfluchtes Jahr für Agatha Christie. Sie litt darunter, dass ihr Mann berufsbedingt ständig unterwegs war, und erkrankte an einer hartnäckigen Bronchitis, von der sie sich nie ganz erholte. Als ihre Mutter im gleichen Jahr starb, fühlte sie sich haltlos und verloren. Ihr Elternhaus, eine viktorianische Villa in Devon, musste nun geräumt und verkauft werden. Mit dieser Situation war Agatha Christie emotional völlig überfordert. Doch statt Beistand fand sie bei ihrem Mann nur das Geständnis, dass er sie mit einer anderen betrog. Agatha wurde von Panik überwältigt – und verschwand. Elf Tage lang gab es keinerlei Spur von ihr, ein Umstand, der später zu wilden Spekulationen und einem Spielfilm führte („Das Geheimnis der Agatha Christie", Großbritannien 1979).

Sie ließ sich scheiden und reiste danach spontan in den Orient. Bereits 1910 hatte sie als Zwanzigjährige zusammen mit ihrer Mutter Kairo besucht. Damals galt es in der gehobenen Gesellschaftsschicht Englands nämlich als schick, den Winter im milden Klima Ägyptens zu verbringen.

Agatha jedenfalls war vom Zauber des Orients fasziniert. So kehrte sie auch später mit ihrem zweiten Mann Max immer wieder hierher zurück. Sie unterstützte ihn bei seiner Arbeit, zunächst im Irak, danach in Syrien.

Doch in erster Linie widmete sie sich der Schriftstellerei. Sie war nun zur Bestsellerautorin avanciert. Ihre beiden berühmtesten Figuren, der belgische Detektiv Hercule Poirot und die Hobbykriminalistin Miss Marple, erfreuten sich weltweiter Beliebtheit. Insgesamt hat Agatha Christie sechsundsechzig Kriminalromane verfasst, dazu kommen noch zahlreiche Bühnenstücke und Kurzgeschichten.

Dabei konnte sie sich nicht nur ihre Erfahrungen mit giftigen Substanzen zunutze machen. Auch ihre zahlreichen Reisen hatten ihren schriftstellerischen Horizont bereichert. Seien es der „Mord im Orient-Express“, einem Zug, mit dem sie selbst mehrfach reiste, oder der „Tod in den Wolken“, der in einem Passagierflugzeug eintritt, seien es ihre Kenntnisse von London oder vom ländlichen Devon, von Cornwall oder vom Dartmoor. Doch führt sie die Protagonisten ihrer Werke auch nach Bagdad und an den Nil, nach Jerusalem und Jordanien, nach Paris, an die Côte d’Azur, nach Südafrika oder in die Karibik.

Wie oft Agatha Christies Werke tatsächlich bis heute weltweit verkauft worden sind, weiß niemand so genau. Aber Schätzungen sprechen von mehr als zwei Milliarden Exemplaren. Sie gilt als die am häufigsten übersetzte Autorin aller Zeiten und als erfolgreichste britische Schriftstellerin – wenn nicht gar als die weltweit erfolgreichste überhaupt. Ihr Theaterstück „Die Mausefalle" ist das am längsten ununterbrochen aufgeführte Bühnenwerk der Welt. Es heißt, dass Agatha Christies Bücher die meistverkauften nach der Bibel sind.

1961 verlieh ihr die Universität Exeter die Ehrendoktorwürde. 1971 erhob sie Queen Elizabeth II. als Dame Commander in den Adelsstand. Im Jahr 2000 wurde sie zur besten Kriminalautorin des Jahrhunderts gekürt.

Agatha Christies Ehe mit Max Mallowan hielt bis zu ihrem Tod im Januar 1976. Er heiratete ein Jahr später seine Assistentin, starb aber selbst bereits 1978.

Die elfenbeinernen Preziosen, die Agatha Christie einst in Nimrud mit ihrer Gesichtscreme gereinigt hatte, wurden im Jahr 2011 vom British Museum für 1,2 Millionen Pfund erworben. Das gilt als der teuerste Ankauf in der Geschichte des Museums. Nach Meinung von Experten hat die Behandlung der Artefakte mit Gesichtscreme maßgeblich zu deren Rettung beigetragen.

Oriental rice – Reis auf orientalische Art

Zutaten für 4 Personen: *200 g Basmatireis, 100 g Fadennudeln, 2 kleine Zucchini, 1 Aubergine, 1 rote Paprikaschote, 1 gelbe Paprikaschote, 2 Chilischoten, 16 Okraschoten, 3 Tomaten, 300 g Joghurt, 6 Blättchen frische Minze, Saft von ½ Zitrone, 1 kl. Bund Blattpetersilie, 2 El orientalische Würzmischung (z.B. Baharat, Ras el Hanout oder Siebengewürz), 1 Prise Zucker, etwas Essig, Olivenöl, Pfeffer, Salz*

Zubereitung: *Die Minzeblättchen fein hacken und mit dem Zitronensaft und der Prise Zucker unter den Joghurt rühren. Mit Salz abschmecken und abgedeckt im Kühlschrank durchziehen lassen.*

Die Okraschoten waschen, die Enden entfernen. In einem Topf Wasser mit ein paar Spritzern Essig aufkochen und die Okraschoten 4 Minuten lang darin blanchieren. In einem Sieb abspülen und abtropfen lassen. Aubergine und Zucchini waschen, putzen und in Scheiben schneiden, Paprika entkernen und in Streifen schneiden, Chilischoten entkernen und fein hacken. Die Tomaten würfeln, Petersilienblättchen abzupfen und fein hacken.

In einem Topf Olivenöl erhitzen und die Nudeln zusammen mit dem Reis darin hellbraun anbraten. Anschließend die Würzmischung dazugeben und so viel Wasser aufgießen, bis es 1 Fingerbreit über Reis und Nudeln steht. Salzen, aufkochen und dann im geschlossenen Topf bei schwacher Hitze etwa 20 Minuten lang quellen lassen.

In einer Pfanne Olivenöl erhitzen und alles Gemüse bis auf die Tomaten darin kräftig braten. Salzen, pfeffern und nach 8 Minuten die Tomaten hinzugeben. Die Hitze reduzieren und das Ganze weitere 8 Minuten lang brutzeln lassen. Dann vom Herd nehmen und die Petersilie unterrühren.

Zusammen mit dem Nudel-Reis und dem Minzjoghurt servieren.

Tea for two, just me and you – der Zauber der Teekultur

England und Tee – das gehört zusammen. So denkt man jedenfalls. Tatsächlich ist die Teekultur in England aber noch gar nicht so uralt.

1662 heiratete der englische König Karl II. die Infantin von Portugal, Katharina von Braganza. Die feine portugiesische Dame tat sich schwer mit den englischen Gepflogenheiten, die ihr grobschlächtig erschienen. Es heißt, dass ihr Bräutigam sie bei ihrer Ankunft in England mit den Worten begrüßte: *„My God, they sent me a bat instead of a woman!“* – *„Mein Gott, sie haben mir eine Fledermaus geschickt anstelle einer Frau!“* Ursache für diese nicht gerade charmanten Worte war ihre Frisur, die nach portugiesischer Mode aus zwar ordentlich gelegten, aber offen getragenen Locken bestand. Der Rüpel brüskierte die junge Frau gleich noch einmal, als sie um eine Tasse Tee bat: *„Wir trinken keinen Tee in England, aber vielleicht tut es ja ein Bier?“*

Nein, Bier tat es nicht, und so ließ man eigens für die Ehefrau des Königs (die übrigens nie Königin wurde, weil sie Katholikin war) größere Mengen Tee über Indien aus China importieren. Auch die feinen Leute im Umfeld Katharinas fanden allmählich Gefallen an dem Getränk. Es war Katharina von Braganza, die den Tee nach England brachte.

Noch um 1700 war England einer der weltweit größten Kaffeeverbraucher. Erst im weiteren Verlauf dieses

Jahrhunderts setzte sich der Trend zum Tee allmählich allgemein durch. Im 20. Jahrhundert war die Teekultur dann allgegenwärtig.

Für den englischen Markt gibt es spezielle Kleinblattmischungen, die aus Afrika importiert werden – nicht etwa aus den klassischen Teeländern. Diesen Schwarztee trinkt man mit Milch, es sei denn, es handelt sich um Earl Grey Tea.

Der in England sehr beliebte Earl Grey Tea ist mit Bergamotte-Öl parfümiert, und das kam so: Charles Grey, Earl of Howick Hall und Premierminister von 1830 bis 1834, war am florierenden Teehandel beteiligt und importierte die kostbaren Blätter und andere Waren aus China. Eines Tages geriet eines seiner Schiffe in einen heftigen Sturm, und die Ladung purzelte durcheinander. Darunter befanden sich auch einige Behälter mit Bergamotte-Öl, die fielen um und liefen aus. Der gute Tee war kontaminiert! Earl Grey inspizierte bei der Ankunft des Schiffes in London das Malheur und entschied, den Tee erst einmal zu probieren, bevor man das Zeug entsorgen würde. Er fand den Geschmack gar nicht schlecht, und jedermann, den er probieren ließ, schloss sich seiner Meinung an. Da befahl der clevere Earl kurzerhand, den Tee in den Handel zu bringen – der Earl Grey Tea eroberte den Markt!

Zugegebenermaßen ist diese schöne Geschichte nur eine Legende, ob es wirklich so gewesen ist, weiß niemand mehr. Tatsache ist jedoch, dass das Bergamotte-Öl den Tee während der langen Überfahrt davor schützt, andere Aromen anzunehmen, die man vielleicht nicht so gerne haben möchte: Fischgeruch, Teer-, Tang- oder gar Modergestank.

In ein Tässchen Earl Grey gibt man Honig und dazu allenfalls ein paar Spritzer Zitronensaft. Aber bei schwarzem Tee gilt: mit Milch und Zucker! Wobei sich die Gemüter heftig streiten, ob man zuerst den Tee in die Tasse gibt und dann die Milch, oder umgekehrt. Tatsächlich spalten die Engländer sich in zwei Fraktionen, die MIF (Milk-In-First) und die TIF (Tea-In-First). Ganz so, als hätten sie keine anderen Probleme…

Eine der populärsten Teesorten Englands ist PG Tips. Den gibt es schon seit 1930, damals wurde er als „Pre-Digestive-Tea" verkauft. Die Firma behauptete, sein Genuss rege die Verdauung an. Das war natürlich Quatsch und wurde deshalb nach dem Zweiten Weltkrieg verboten. Da benannte man den Tee in „Pre-Gest" um, und daraus entstand in den Fünfzigerjahren das griffigere „PG". Laut Hersteller trinken die Briten tagein, tagaus 35 Millionen Tassen PG.

Bei dieser Zahl staunt man ehrfürchtig, angeblich werden aber in Großbritannien jeden Tag sagenhafte 165 Millionen Tassen Tee getrunken. Bis vor wenigen Jahrzehnten war es selbstverständlich, losen Tee aufzubrühen. Teebeutel galten als dekadente Verschrobenheit kontinentaler Banausen und wurden belächelt. Doch das hat sich inzwischen geändert. Auch die Engländer haben letztlich davor kapituliert, dass Teebeutel praktisch sind und dabei helfen, Zeit einzusparen.

Gegen Ende des 20. Jahrhunderts bekam der Tee mehr und mehr unliebsame Konkurrenz: Die Engländer begannen, wieder vermehrt Kaffee zu trinken. Clever drängten sich die Hersteller von Instantkaffee nach vorne in die neu entstandene Nische, sodass um die Jahrtausendwende löslicher Kaffee einen Anteil von an die neunzig Prozent am Kaffeemarkt hatte. Doch langsam kommen auch die Engländer auf den Geschmack italienischer Kaffeekultur. Wird diese dem Tee in Zukunft den Rang ablaufen?

Was wäre England ohne die legendäre Tea Time? Das Ritual entwickelte sich mit dem Boom des aromatischen Aufgussgetränks in der zweiten Hälfte des 18. Jahrhunderts. „Tea Gardens" – Teegärten – wurden populär, in denen die feinen Damen zur Nachmittagszeit ein Tässchen im Freien genossen. Ihnen war nämlich der Besuch der schon seit vielen Jahrzehnten bestehenden Kaffeehäuser in jener Zeit noch untersagt.

Zur Unterhaltung der Damen spielten Tanzorchester in den Teegärten auf, und natürlich gesellten sich auch die Herren dazu – der Tanztee war erfunden. Dann senkte die Regierung die bislang sehr hohe Teesteuer, sodass sich auch Angehörige der Mittelschicht das Teetrinken mit einem Mal leisten konnten. Weil Tee bislang für sie unerschwinglich gewesen war, galt er als besonders edel und schick – das Teetrinken wurde schlagartig hochmodern.

Doch der Tee wurde nach wie vor aus China importiert, das war teuer und kostete jede Menge Devisen. Je mehr Tee die Engländer tranken, desto problematischer wurde das Handelsdefizit. Deshalb begann man kurzerhand mit dem Anbau von Tee in den eigenen Kolonien. Tee wurde immer günstiger und setzte sich dadurch schließlich auch bei der Arbeiterklasse durch. Denn man wollte ja Anschluss an die feinen Sitten der gesellschaftlichen Elite genießen.

Aus dem nachmittäglichen Tanztee entwickelte sich mit und mit die „Tea Time“, die Nachmittagspause mit einem Tässchen Tee. Dazu gibt es Kekse, Sandwiches, Scones (weiche Brötchen aus feinem Mehl), Salzgebäck oder Kuchen.

Dieser „Afternoon Tea“ findet um vier Uhr nachmittags statt. Er wurde im 19. Jahrhundert in den besseren Kreisen beliebt, denn das „Dinner“, das Abendessen, wurde erst um acht Uhr serviert, den „Lunch“, das Mittagessen, hatte es aber bereits um zwölf Uhr gegeben. Die Pause zwischen den Mahlzeiten war ziemlich lang, da kam der Nachmittagstee ganz gelegen. Die Damen und Herren nahmen entspannt auf bequemen Sesselchen am niedrigen Teetisch oder im „Teehaus“ des Gartens Platz und genossen plaudernd ihr Tässchen Tee und ein paar Häppchen.

Anders war es bei der arbeitenden Klasse in der zunehmend industrialisierten Gesellschaft. Auch sie wollte an der nachmittäglichen Teekultur teilhaben, doch die Gelegenheit bot sich erst nach Arbeitsschluss. Dann reichte aber freilich ein Tässchen Tee mit Gebäck nicht aus, man hatte ja Hunger. Zum Tee gab es deshalb auch ordentliches Essen und man saß dabei am Tisch. So entstand der „High Tea", aus der kleinen Teepause wurde die Hauptmahlzeit des Tages.

Und falls Sie sich nun fragen, was mit dem „Five o'Clock Tea" ist, so muss ich Sie enttäuschen. Diesen Ausdruck kennt man in England nämlich gar nicht.

Tea time cupcakes

Zutaten: *75 g Mehl, 150 g Zartbitterschokolade, 150 g Butter, 150 g Zucker, 3 Eier, 40 ml starker Espresso, 75 g gemahlene Mandeln, 200 ml Sahne, 1 unbehandelte Orange, 20 g Speisestärke, 20 g Rosinen, 2 cl Rum, Salz, 1 Sternfrucht (Karambole)*

Zubereitung: *Die Schokolade klein zerbröckeln und zusammen mit der Butter im Wasserbad schmelzen. Die Eier in Eigelb und Eiweiß trennen und das Eigelb mit 120 g Zucker cremig schlagen. Anschließend unter die Schokoladenbutter ziehen, danach den Espresso einrühren und aus dem Wasserbad nehmen. Die Eiweiß mit einer Prise Salz steif schlagen. Mehl und Mandeln miteinander vermischen und im Wechsel mit dem Eischnee vorsichtig unter die Schokoladenmasse heben. Auf 12 Papiermuffinförmchen verteilen und in einer Muffinform im vorgeheizten Backofen bei 180°C 15 Minuten lang backen, danach abkühlen lassen.*

Die Rosinen im Rum einweichen. Den orangefarbenen Anteil der Orangenschale abraspeln und die Orange auspressen. Saft, Schale und Speisestärke mit dem restlichen Zucker in einem kleinen Topf vermischen. Unter Rühren aufkochen lassen und einreduzieren, bis noch ca. 2 El Sirup übrig sind. Dann abkühlen lassen. Die Sahne steif schlagen, danach die Rumrosinen und den Sirup vorsichtig unterheben. Anschließend auf den Muffins verteilen und mit einer Sternfruchtscheibe dekorieren.

Roast beef sandwich

Zutaten für 4 Personen: *8 Scheiben Toastbrot, 200 g Roastbeef-Aufschnitt, 150 g Crème Fraîche, 50 g Majonäse, 1 Bund Schnittlauch, 1 Gewürzgurke, ¼ Salatgurke, ½ Apfel (säuerlich schmeckend), 1 Knoblauchzehe, 1 Ei (hart gekocht), einige Blätter Grüner Salat, Tabasco, Salz, Pfeffer*

Zubereitung: *Den Apfel entkernen, schälen und zusammen mit der Gewürzgurke und der Knoblauchzehe fein würfeln. Das Ei pellen und fein hacken. Die Hälfte des Schnittlauchs in kleine Röllchen schneiden. Nun alles mit der Crème Fraîche und der Majonäse vermischen, mit Salz, Pfeffer und einigen Spritzern Tabasco würzen. Die Gurke in sehr dünne Scheiben schneiden, den restlichen Schnittlauch in Röllchen schneiden.*

Die Toastscheiben jeweils von einer Seite mit der Creme bestreichen, bis alles verbraucht ist. Dann jeweils auf eine Toastscheibe ein Salatblatt und zwei Gurkenscheiben, auf eine andere Roastbeef legen, und anschließend zusammenklappen, sodass 4 gleiche Sandwiches entstehen. Jedes davon noch einmal diagonal durchschneiden.

Auf einer Platte anrichten, mit dem restlichen Schnittlauch überstreuen und etwas Pfeffer darüber mahlen.

Vom Empire zum Commonwealth – das Märchen von einem Königreich

Es war einmal ein gewaltiges Reich. Ein Reich, wie es die Welt niemals zuvor und niemals danach wieder gesehen hat. Ein Viertel der Menschheit lebte in diesem Reich, und ein Viertel der gesamten Landfläche unserer Welt gehörte ihm an. Es erstreckte sich rund um den gesamten Erdball.

Zu Anfang war es nur ein kleines Königreich gewesen, das auf einer Insel lag. Dieses Königreich hieß England. Nicht einmal die ganze Insel gehörte dem Königreich England, denn im Norden der Insel lebten raue, unbändige Gesellen in ihrem eigenen Königreich. Das waren die Schotten.

Auch im Westen der Insel hatte es solch ein widerspenstiges Volk gegeben, die Waliser. Die waren allerdings schon vor fast dreihundert Jahren besiegt worden, seitdem gehörte ihr Land dem Königreich England an.

Über England herrschte eine Königin namens Elizabeth. Es gab noch andere Königreiche in jener Zeit, die nach Macht strebten. Aber ganz besonders ärgerte Elizabeth sich über das Königreich Spanien. Denn die Spanier fuhren mit ihren Schiffen über die Meere, entdeckten fremde Länder und erklärten diese kurz entschlossen zum spanischen Besitz. Ganz ähnlich machten es die Portugiesen, die ebenfalls einen König hatten.

Das missfiel der Königin Elizabeth sehr. Deshalb heuerte sie ein paar Freibeuter an, um die Siedlungen der Spanier und Portugiesen in den fremden Ländern und ihre mit Schätzen beladenen Schiffe überfallen zu lassen. Doch die Berater der Königin meinten, das reiche nicht aus. Sie solle stattdessen dafür Sorge tragen, selbst ferne Länder zu erobern. Ein eigenes Weltreich müsse her!

So begannen die Seefahrer im Auftrag der Königin, fremde Länder in Besitz zu nehmen. Gleichzeitig erhielten ein paar Kaufleute von der Königin einen Freibrief, der sie dazu ermächtigte, eine neue Handelsgesellschaft zu gründen, die Ostindien-Kompanie. Denn auch durch Handel gewinnt man Macht.

Doch es sollte noch dauern, bis die Gründung von Siedlungen an fernen Gestaden dauerhaft gelingen würde. Der Nachfolger der Königin vertrug sich mit den Spaniern, und weil nun Frieden herrschte, war es leichter, Kolonien in der Fremde zu gründen und diese auch zu halten. So begann man auf Geheiß des Königs im 17. Jahrhundert, Nordamerika und die Karibik zu besiedeln.

In den Jahren danach machten sich also viele Auswanderer aus dem Königreich auf den Weg nach Nordamerika. Das Land war kühl wie ihre englische Heimat und bot fruchtbaren Boden. Hier versuchten sie nun, heimisch zu werden. Die Eingeborenen konnten sie leicht besiegen, denn sie hatten deutlich bessere Waffen als diese. Aber die Landwirtschaft war beschwerlich, die Profite hielten sich dementsprechend in Grenzen. In der Karibik dagegen gediehen auch Pflanzen, mit denen sich in der Heimat gute Geschäfte machen ließen. Zucker, Baumwolle und Kaffee waren sehr gefragte Güter. Doch die Arbeit in der tropischen Hitze war noch weit beschwerlicher als die im Norden Amerikas. Da kam man auf die Idee, aus Afrika schwarze Sklaven herbeizuschaffen, die für die englischen Landherren arbeiten mussten. Mit deren Hilfe gediehen die neuen Kolonien und lieferten prächtige Gewinne.

Im Laufe der Scharmützel mit den anderen Königreichen, die in den kommenden Jahrzehnten folgten, profilierte sich unser Reich und stabilisierte seine Macht. Aus dem kleinen Königreich England war Great Britain, das große Britannien, geworden.

Dann kam die große Zeit der Ostindien-Kompanie. Sie besiegte ihre Konkurrenten, übernahm die Herrschaft in Bengalen und etablierte sich von dort aus als führende Macht Indiens. Einer nach dem anderen der lokalen Herrscher musste die Hoheit Britanniens anerkennen. Beflügelt von den Erfolgen dehnte das Britische Imperium seine Grenzen immer weiter aus.

Natürlich gab es auch Rückschläge. Ein Teil der nordamerikanischen Kolonien wurde aufmüpfig und verlangte die Unabhängigkeit, was schließlich auch gelang. Sie schlossen sich zusammen, nannten sich „Vereinigte Staaten" und schmissen die britischen Machthaber kurzerhand raus.

Die Briten resignierten und wandten sich anderen Gebieten zu. Immerhin hatte man noch Kanada und den Nordosten Amerikas, und außerdem gab es ja auch noch Asien, den pazifischen Raum, Australien, Neuseeland und Afrika. Viel Land, dessen Rohstoffe und Erzeugnisse man nutzen konnte, um den eigenen Wohlstand zu mehren. Denn der britischen Militärmacht hatten sie alle nichts entgegenzusetzen.

Aus England selbst war inzwischen das Vereinigte Königreich geworden, denn es war schließlich doch noch gelungen, auch Schottland zu unterwerfen. Damit war die ganze Insel unter Englands Krone vereint, ob die Schotten das nun wollten, oder nicht.

Doch in der Heimat lebten auch viele Menschen, die sich Gedanken über alles Mögliche machten. Da waren Wissenschaftler und Forscher, aber es gab auch Philosophen und Denker. Eines Tages kamen sie zu der Überzeugung, dass die Sklaverei nicht mit ihren Vorstellungen von Menschenwürde konform ging. Als sich immer mehr Menschen dieser Überzeugung anschlossen, wurde die Sklaverei kurzweg abgeschafft. Das war im August 1834.

Wenig später begann es in Asien ungemütlich zu werden. Dort gab es ein anderes großes Reich, das zwar keinen König, dafür aber einen Zaren hatte. Das Reich hieß Russland. Auch die Russen wollten ihre Macht ausweiten, und sie verwickelten die Engländer in etliche Waffengänge. Man schlug sich um Afghanistan, aber keinem gelang es, das renitente Land dauerhaft zu erobern. Im Krimkrieg siegten die Engländer, aber Kasachstan fiel an die Russen.

Dann wurde das Augenmerk auf Afrika gelenkt. Doch hieran waren die Briten nicht alleine interessiert, es entstand ein Wettlauf ums Land mit vielen anderen europäischen Nationen.

Vor allem den Franzosen gelang es, große Stücke des Kuchens für sich zu gewinnen, aber auch andere mischten mit. Die Briten mussten sich mit einem mittelmäßigen Anteil bescheiden. Immerhin ging der quer durch den Kontinent, von Ägypten über den Sudan, Kenia, Tansania und Rhodesien bis Südafrika.

Durch den Nahen Osten ging es weiter in den Irak, den Südteil der arabischen Halbinsel, Indien, Burma, ostasiatische Territorien wie Honkong und Malaya, weiter über Papua Neuguinea, Australien und Neuseeland, viele Inseln des Südpazifiks, Kanada, Teile Nordostamerikas und Inseln der Karibik, ein paar Posten in Mittel- und Südamerika, die Antarktis, die Falkland Inseln und einige andere Inseln im Südatlantik. Das Britische Weltreich war wirklich gigantisch.

Doch dann änderten sich die Zeiten. Zwei schreckliche Kriege brachen über die Welt herein. Britannien ging zwar als Sieger daraus hervor, doch lag Europa in Trümmern. Und Britannien war pleite. Andere stiegen zur Weltmacht auf, es waren die Vereinigten Staaten von Amerika und Russland, das zwar keinen Zaren mehr hatte, dafür aber einen Staats- und Parteichef, was ungefähr auf das Gleiche hinauslief.

In den Kolonien des großen britannischen Reiches regte sich nun zunehmend Widerstand. Man wollte selbst über sich bestimmen. Besonders in Indien gab es heftige Proteste, sodass der britische Vizekönig es zusammen mit Pakistan 1947 etwas überhastet in die Unabhängigkeit entließ. Auch in Palästina gab es Ärger, mit dem die Briten lieber nicht so viel zu tun haben wollten. Deshalb zogen sie sich ohne Umschweife aus der Region zurück. Dann erfasste der „Wind of change", wie der britische Premierminister die Gesamtentwicklung 1960 bezeichnete, schließlich auch Afrika.

Die Befreiungsbewegung ließ sich nicht mehr aufhalten. Deshalb hatte das Vereinigte Königreich schon 1931 eine Föderation geschaffen, in der alle Kolonien auch nach der Unabhängigkeit miteinander verbunden bleiben konnten, sofern sie es wollten: das Commonwealth of Nations. Oberhaupt dieser Vereinigung war weiterhin der Herrscher des Königreichs. Doch dieser König hatte mittlerweile auch zu Hause nicht mehr viel zu sagen, deshalb stand er dem Commonwealth nur symbolisch vor.

Seit 1952 gab es wieder eine Königin, und die trug den gleichen Namen wie die Königin, mit der rund vierhundert Jahre zuvor alles angefangen hatte: Elizabeth. Und sie steht nun formell einem Staatenbund vor, dem zweiundfünfzig Länder angehören. Darunter sind sogar ein paar, die nie zum British Empire gehört haben. Knapp dreißig Prozent der Weltbevölkerung leben im Commonwealth. Seine Mitgliedsstaaten arbeiten zusammen, um gemeinsame politische Ziele zu verfolgen. In Kriegszeiten unterstützen sie sich gegenseitig. Wenn es Ärger mit anderen gibt, können sie Sanktionen beschließen. Und zanken sie sich untereinander, so setzten sie sich zusammen und versuchen, eine Lösung zu finden. Aber sie alle sind vollkommen unabhängig voneinander.

Die Bürger aus Staaten, die Mitglieder des Commonwealth sind, genossen zumindest bis 1962 das uneingeschränkte Recht, sich in Großbritannien niederzulassen. Deshalb leben in Großbritannien viele Menschen aus der ganzen Welt, vor allem viele Inder und Pakistani. In den nachfolgenden Jahrzehnten wurden die Einwanderungsgesetze allerdings erheblich verschärft.

Hinter vorgehaltener Hand mag man ja sagen, dass das Commonwealth nicht so wirklich politisch bedeutend ist. Vielleicht hat es vielmehr psychologische Funktion, indem es Britannien dabei geholfen hat, den Verlust seines Weltreichs zu verkraften.

Denn vom „Great Britain“ zum „Vereinigten Königreich“ war es ein schmerzlicher Schrumpfungsprozess. Und der Prozess geht weiter. Nach den Kolonien demonstrieren auch die Schotten, dass sie mehr Selbständigkeit wünschen, auch wenn sie beim Referendum mehrheitlich gegen die Auflösung des Verbundes mit England gestimmt haben.

Doch auch den Schotten wird England nun mehr Unabhängigkeit gewähren müssen.

Fast möchte man sagen: Und wenn sie nicht gestorben sind, dann schrumpfen sie noch heute. Aber das stimmt natürlich nicht. Die wahre Größe Englands liegt nämlich nicht in räumlicher Ausdehnung.

Classic Punch of the Colonial Era

Zutaten pro Glas: *4 cl Arrak, Saft einer Orange, 1 El brauner Kandiszucker, 150 ml Wasser, für die Würzmischung: ¼ Tl gemahlener Zimt, 1 Nelke, 1 Pimentkorn, 1 Prise geriebener Muskat*
Zubereitung: *Nelke und Pimentkorn mit einem Messer grob zerteilen und dann zusammen mit Zimt und Muskat im Mörser zerkleinern. Das Wasser mit dem Zucker und der Würzmischung in einem Topf erhitzen und ziehen lassen, bis der Zucker zerfallen ist. Vom Herd nehmen und Orangensaft und Arrak hinzugeben, gut umrühren und sofort servieren.*

Punsch (engl. Punch) wurde von englischen Kolonialisten in Indien erfunden. Auch das Wort kommt aus Indien (panch) und bedeutet „fünf", denn ein klassischer Punsch besteht aus 5 Zutaten: Arrak (den man heute meist durch Rum ersetzt), Saft einer Zitrusfrucht, Gewürzmischung, Zucker und Wasser.
Man kann ihn auch kalt genießen.

Die Kinderstube des Massentourismus – Blackpool

Jonathan war Sonntagsschullehrer in Preston, einer Stadt in der Grafschaft Lancashire. Das Leben war nicht einfach. Denn viele Menschen lebten hier im Nordwesten von England. In den letzten Jahren waren es immer mehr geworden. Man hatte neue Maschinen erfunden und setzte auf ein neues Zeitalter: das der Industrialisierung. All die neuen Fabriken brauchten Arbeiter. Und die waren in Scharen nach Lancashire gekommen, Jonathans Heimat. Sie lebten in engen Behausungen und arbeiteten hart. Auch die Kinder mussten arbeiten, denn die Löhne waren schmal. Nur sonntags hatten sie frei, dann kamen sie zu Jonathan in die Schule. Er lehrte sie die Religion, las ihnen aus der Bibel vor, betete und sang Kirchenlieder mit ihnen. Aber er bemühte sich auch redlich, ihnen das Lesen und Schreiben beizubringen. Denn es war für die Arbeiterkinder die einzige Gelegenheit dazu. Eine Schulpflicht gab es nicht.

Die grauen, ausgemergelten Gesichter der Kinder stimmten Jonathan traurig. Deshalb tat er alles, was in seiner Macht stand, um ihnen Gutes zu tun. Doch auch Jonathans Kraft war begrenzt. Er sehnte sich nach einer Pause, einer kleinen Abwechslung, um frische Energie zu tanken.

Mit seinen Kollegen aus den umliegenden Gemeinden hielt er regelmäßige Verbindung. Auch ihnen erging es nicht anders als Jonathan. Eines Abends saßen sie zusammen und sprachen über ihre Situation. Da begann einer, von Blackpool zu erzählen.

Gar nicht so weit entfernt an der Küste der Irischen See war in den letzten Jahren ein Ort entstanden, der den wohlhabenden Bewohnern Nordenglands als Seebad diente. Hier gab es ein paar feine Hotels mit Blick auf den Strand und das Meer, wo sich die Landadeligen, die Lords und Ladys, aber auch die reichen Fabrikbesitzer und ihre Gattinnen schöne Tage gönnten. Dann flanierten sie plaudernd an der Uferpromenade entlang, trafen sich zum Tanztee und feierten abends rauschende Feste.

In letzter Zeit, so erzählte der Sonntagsschullehrer, würden aber ab und an auch Arbeiter nach Blackpool fahren. Sie hätten Sparvereine gegründet, in denen sie die Pennys sammelten, die sie sich mühsam abknapsen konnten. Von diesem Geld würden sie sich dann eine gemeinsame Ausflugsfahrt nach Blackpool leisten – zusammengepfercht auf einem Pferdewagen, den sie gemietet hatten. In Blackpool stopfte man sie in Massenquartiere, dreißig Mann in eine Scheune ohne jeden Komfort. Aber was machte das schon? Sie konnten das Meer erleben und den Strand – wie einmalig schön war das, wenn man sonst im Leben nur die grauen, trostlosen Industriestädte kannte?

Ach, seufzten die Lehrer, wie herrlich wäre es, wenn wir doch auch einmal nach Blackpool reisen könnten! Da schaltete Jonathan sich ein. Denn er hatte gehört, dass die Eisenbahn, die neuerdings nach Blackpool fuhr, in finanziellen Schwierigkeiten war. Wie wäre es, wenn man dort vorspräche und fragte, ob man nicht für eine gemeinschaftliche Gruppenreise einen Sonderrabatt bekommen könnte?

Gesagt, getan. Der Ausflug der Sonntagsschullehrer an einem sommerfrischen Sonntag im Jahr 1842 wurde zur Geburtsstunde des modernen Massentourismus. Und bei diesem einen Mal sollte es nicht bleiben: Es folgten regelmäßige organisierte Sonntagszugfahrten zum Sondertarif – für die Eisenbahngesellschaft war es ein Riesenerfolg und die finanzielle Rettung.

Eine Erfolgsstory wurde es auch für Blackpool, wenn auch die gesellschaftliche Elite sich verschnupft anderen Seebädern zuwandte. Denn jetzt kamen die Arbeiter!

Zwar richtete sich die erste Pier, die 1863 in Blackpool entstand, noch an ein zahlungskräftiges Publikum. Doch schon fünf Jahre später baute man eine zweite Pier, die dem Tanzvergnügen der Arbeiter diente, und 1893 noch eine dritte, um dem wachsenden Andrang Rechnung zu tragen.

In den Siebzigerjahren des neunzehnten Jahrhunderts führte die Regierung dann vier sogenannte „Bank Holidays“ ein, Tage, an denen die Banken geschlossen blieben und die ansonsten Feiertag waren. An diesen Tagen platzte Blackpool aus allen Nähten. Die Vergnügungsstätten schossen wie Pilze aus dem Boden. Es gab Tanzpaläste, Riesenrad, eine 158 Meter hohe Kopie des Eiffelturms, Theater, Karussells und vieles mehr. Man ließ sich etwas einfallen. Und auch, als die Saison 1879 einmal nicht so gut gelaufen war: Da erfand man einfach flugs die elektrische Außenbeleuchtung! Gebäude und Promenaden wurden festlich illuminiert. Das sollte Blackpools Markenzeichen werden und ist es bis zum heutigen Tag geblieben.

1896 kam ein schlauer Geschäftsmann dann auf die Idee, einen Freizeitpark im amerikanischen Stil aufzubauen. Es entstand der Pleasure Beach, der noch immer existiert – er ist sogar einer der meistbesuchten Freizeitparks Europas.

Der Blackpool-Tourismus boomte unaufhaltsam. Im 20. Jahrhundert setzte sich die Erfolgsstory fort, nach dem Krieg war Blackpool für die Arbeiterklasse von ganz England die Nummer eins unter den beliebtesten Urlaubszielen. Der einst mondäne Badeort war eine quietschbunte, lärmende Plastikwelt geworden.

Doch in den Sechzigerjahren begann die Flaute. Der Massentourismus hatte sich weiterentwickelt und man organisierte nun billige Flugreisen in die Mittelmeerregion. Die Pauschaltouristen wanderten ab.

Aber das macht nichts. Denn es kommen immer noch genug Gäste und vergnügen sich inmitten von Blackpools Strandrummel. Denn nirgendwo sonst in England findet man eine vergleichbare Zusammenballung von Jux und Tollerei.

Daneben hat Blackpool aber auch noch ein paar andere Dinge zu bieten. An der Strandpromenade fährt eine doppelstöckige Museumsstraßenbahn, und beim Blackpool Dance Festival treffen sich die Tanzprofis zum größten Tanzsport-Ereignis der Welt. In Blackpools Winter Gardens hält die Labour Party ihre Parteitage ab, und auch andere politische Gruppierungen veranstalten hier Treffen und Konferenzen. Die Autobauer TVR und Jaguar haben in Blackpool ihren Sitz.

Und allabendlich erstrahlt ganz Blackpool wieder im Glanz seiner bombastischen Illumination.

Cider pork – Schweinefleisch in Apfelwein

Zutaten für 4 Personen*: 4 Schweinenackensteaks, 100 g gewürfelter Speck, 1 Gemüsezwiebel, 1 kg Kartoffeln, 2 Knoblauchzehen, 250 ml Apfelwein, 3 El Speiseöl, Muskatnuss, Pfeffer, Salz*

Zubereitung*: Zwiebel und Kartoffeln schälen und in Ringe bzw. Scheiben schneiden, die Knoblauchzehen schälen und fein hacken. Das Fleisch waschen, trocken tupfen und mit Salz und Pfeffer würzen. Das Öl in einer Pfanne erhitzen und das Fleisch mit dem Knoblauch von beiden Seiten scharf anbraten. Herausnehmen und den Speck ebenfalls kurz anbraten. Die Hälfte der Kartoffeln und der Zwiebeln in eine Auflaufform schichten, mit Salz, Pfeffer und Muskat würzen. Dann die Nackensteaks darauflegen und mit den restlichen Zwiebeln, anschließend mit den restlichen Kartoffeln bedecken. Noch einmal würzen, dann den Speck darüberstreuen und den Apfelwein darübergießen. Bei 160°C abgedeckt 3 Stunden lang im Ofen backen, nach 2 ½ Stunden den Deckel entfernen.*

Mit gekühltem Apfelwein servieren.

Mit harter Hand – die Eiserne Lady

Diese Geschichte beginnt weich und zuckersüß. Genauer gesagt beginnt sie mit Kuchen und Eiscreme. Mit diesen Dingen befasste sich die junge Dame, um deren Lebensweg es jetzt geht, nachdem sie ihr Chemiestudium im Jahr 1947 erfolgreich abgeschlossen hatte. Ihre Aufgabe war es, die Qualität der Leckereien zu verbessern, damit sie den Käufern noch besser schmecken sollten.

Doch offenbar war Süßes nicht nach dem Geschmack von Margaret Roberts, und das muss sie schnell gemerkt haben. Denn im Jahr 1951 schmiss sie ihren Job als Lebensmittelchemikerin und fasste den Entschluss, fortan nie wieder Süßholz zu raspeln. Ihre Zukunftspläne sahen anders aus.

Schon seit ihrem Studium war die 1925 geborene überzeugte Konservative politisch aktiv. 1950 hatte sie erstmals für das Unterhaus kandidiert, war aber gescheitert. Doch Margaret Roberts war nicht der Typ, der sich von Rückschlägen entmutigen ließ. Sie war zielstrebig, kühl berechnend und zäh.

Deshalb war es sicherlich auch ein wohlüberlegter Entschluss, als sie 1951 Dennis Thatcher heiratete. Denn Dennis Thatcher war der Erbe eines gutgestellten Familienunternehmens und selbst ein sehr erfolgreicher Geschäftsmann, der im Laufe der Jahre ein Firmenkonsortium aufbaute. Er war ein sehr wohlhabender Mann.

Daneben war er offensichtlich auch ein bescheidener Mensch, denn er sollte während seines ganzen Lebens nie auch nur die geringsten Anzeichen dafür zeigen, dass er sich neben seiner starken Frau profilieren wollte. Stattdessen blieb er stets in ihrem Schatten, fast demütig möchte man meinen, und bezeichnete sie in aller Öffentlichkeit als „the boss".

Doch ich greife vor. Gehen wir zurück ins Jahr 1951. Die frisch verheiratete Margaret, die nun den Ehenamen Thatcher führte, schmiss ihren ungeliebten Job beim Süßkramhersteller, denn nun war sie ja nicht mehr darauf angewiesen, Geld zu verdienen. Stattdessen nahm sie ein Jurastudium auf. Dieser Fachbereich erschien ihr in Hinblick auf ihre angestrebte Karriere als Politikerin deutlich nützlicher als die Chemie. Auch als 1953 ihre Zwillinge geboren wurden, unterbrach sie ihren angestrebten Karriereweg nicht. Nach Abschluss des Studiums nahm sie eine Tätigkeit als Fachanwältin für Steuerrecht auf.

Dann, 1959, gelang ihr endlich der Einzug ins Unterhaus. Sie arbeitete sich unbeirrbar hoch und erhielt schon gute zehn Jahre später einen Ministerposten unter dem damaligen Premierminister Edward Heath.

Doch Edward Heath hatte kein gutes Händchen. Bei der nächsten Wahl erlitt er eine Schlappe. Da witterte Margaret Thatcher ihre große Chance, wetzt die Messer und löste ihn 1975 nach einer Kampfabstimmung als Parteichef der Konservativen ab. Kurz darauf attackierte sie die Sowjetunion in einer Rede heftig, woraufhin Radio Moskau ihr einen Titel verlieh, der ihr von nun an anhaften bleiben sollte: „die Eiserne Lady". Tatsache ist, dass sie selbst sehr stolz auf diese Bezeichnung war. Brachte diese doch perfekt zum Ausdruck, was Margaret Thatcher charakterisierte: unbeugsame Härte und Durchsetzungsfähigkeit, und das, obwohl sie eine Frau war. Denn Frauen traute man in jenen Jahren gemeinhin noch nicht so besonders viel zu. Vor allem eben gerade die besonderen Eigenschaften der Margaret Thatcher nicht.

Wer auch immer sie unterschätzt haben mochte, der wurde spätestens 1979 eines besseren belehrt, als sie bei der Parlamentswahl die Konservativen zum Sieg führte. Damit wurde Margaret Thatcher die erste Premierministerin der Geschichte Großbritanniens, und sie sollte gleich noch einen anderen Rekord aufstellen: Sie ist nämlich bisher diejenige, die das Amt des britischen Premierministers am längsten innehatte. Ganze 11 ½ Jahre lang leitete sie die Geschicke Großbritanniens.

Und in diesem Amt machte sie ihrem Titel „Eiserne Lady" alle Ehre. Als Argentinien Anspruch auf die seiner Küste im Atlantik vorgelagerten Falklandinseln erhob, erklärte sie kurzerhand den Krieg.

Man möchte es kaum glauben, aber damit erreichte sie nicht nur, dass die Falklandinseln weiterhin britisches Überseegebiet blieben. Sie erfuhr durch den erfolgreichen Falklandkrieg auch einen enormen Popularitätsschub in der

Heimat und erreichte ihre Wiederwahl im Jahr 1983 mit Pauken und Trompeten.

Und als die IRA im Herbst 1984 einen Bombenanschlag auf sie verübte, dem fünf Menschen zum Opfer fielen und bei dem Thatcher und ihr Mann nur knapp mit dem Leben davonkamen, da beeindruckte sie ihre Landsleute, indem sie schon am nächsten Tag scheinbar unbeeindruckt die geplante Rede hielt. Offensichtlich war die Eiserne Lady durch nichts zu erschüttern.

Deshalb blieb sie auch hart, als sich heftiger Protest gegen ihre rigide Wirtschaftspolitik erhob. Bei Thatchers Amtsantritt war Großbritannien finanziell am Boden. Schon davor waren drastische Maßnahmen ergriffen worden, um den drohenden Ruin abzuwenden. Das führte zu viel Unmut und einer Streikwelle, auf deren Wogen Thatcher letztendlich zu ihrem ersten Wahlsieg getragen worden war.

Thatcher begann mit der Privatisierung staatlicher Unternehmen, um den Staatshaushalt zu entlasten und frisches Geld in die Kassen zu spülen. Das zog freilich Umbrüche nach sich, die von den Bürgern Opfer verlangten. Als 1985 Bergarbeiter gegen die Privatisierung und die drohende Schließung ihrer Zechen streikten und ihre Gewerkschaft schließlich nicht mehr dazu imstande war, Streikgelder zu zahlen, blieb Thatcher hart. In der Folge verloren die Gewerkschaften in Großbritannien maßgeblich an Einfluss.

Thatchers Art der Wirtschaftspolitik ging als „Thatcherismus" in die Geschichte ein. Seine Eckpfeiler sind ein schlanker Staat mit abgespeckter Wohlfahrtspolitik, Marktfundamentalismus, Vertrauen auf einen selbstregulierenden Arbeitsmarkt, wenig Sinn für Ökologie und soziale Gerechtigkeit. Vielmehr Autorität, Patriotismus und Akzentuierung des Gegensatzes zwischen Ost und West. Eine ähnliche Politik verfolgte zur gleichen Zeit der amerikanische Präsident Ronald Reagan.

Auf der Basis dieser politischen Haltung wehrte sich Thatcher gegen Sanktionen, die Europa und der Commonwealth gegen das Apartheidsregime Südafrikas ergreifen wollten. Stattdessen bezeichnete sie den Präsidenten Botha als Freund und lud ihn nach Großbritannien ein. Sie unterstützte die Roten Khmer in deren Bestreben, UN-Mitglied zu bleiben. Die Embargos gegen die Militärdiktatur Pinochets in Chile hob sie kurzerhand auf und erlaubte erneute Waffenexporte, obwohl die UN und Amnesty International anhaltende Menschenrechtsverletzungen in dem lateinamerikanischen Land ankreideten. Als Pinochet später wegen Völkermords, Staatsterrorismus und Folter in Großbritannien in Auslieferungshaft saß, besuchte sie ihn im Gefängnis und setzte sich für seine Freilassung ein.

Unter dem Motto „I want my money back" erreichte sie bei der EU (damals EG) den bis heute gültigen Britenrabatt. Von der deutschen Wiedervereinigung wollte sie nichts wissen und stimmte schließlich nur widerwillig und nach Erfüllung ihrer Bedingungen zu. Denn das Deutschlandbild, so postulierte sie, habe sich in den Jahren bis 1942 geprägt und seitdem wenig verändert. Die Verträge von Maastricht lehnte Thatcher ab. Helmut Kohl sagte einmal, er fürchte Thatcher wie der Teufel das Weihwasser.

Mit der Einführung einer Kopfsteuer, die Thatcher 1989 vollzog, ging sie allerdings zu weit. Ein Aufschrei der Empörung ging durchs Land. Denn die Einheitssteuer wurde als soziale Ungerechtigkeit empfunden, mussten doch Arm wie Reich den gleichen Betrag entrichten. Es kam zu riesigen Demonstrationen in deren Folge nicht nur die Kopfsteuer wieder fiel, sondern auch Thatchers Stern endgültig sank.

Als sie den Bildungsetat drastisch kürzte, verweigerte ihr die Universität Oxford kurzerhand die avisierte Ehrendoktorwürde.

Dennoch erhielt sie zahlreiche Auszeichnungen, so den Hosenbandorden, die amerikanische Freiheitsmedaille, die Aufnahme in einige traditionsreiche Orders, Clubs und Societies und die Erhebung in den Adelsstand als „Baroness in her own right“. Als solche zog sie 1992, nachdem sie auf ihre Wiederwahl für das Unterhaus verzichtet hatte, in das House of Lords ein.

Nach der Jahrtausendwende verschlechterte sich ihr Gesundheitszustand. Sie erlitt einige Schlaganfälle und erkrankte schließlich an Demenz. Einen weiteren Schlaganfall im Jahr 2013 überlebte sie nicht. Auch politische

Gegner äußerten sich nun respektvoll über die Dahingeschiedene.

Viele Briten sahen das anders. In Brixton feierte eine Menschenmenge ausgelassen auf offener Straße. Ein schon 1979 entstandenes Lied der Punkband „The Notsensibles“ eroberte die Charts. Es trug den Titel „I‘m in love with Margaret Thatcher“, meinte aber eher das glatte Gegenteil. Ein alter Song von 1939 erlebte eine explosionsartige Renaissance: „Ding-Dong! The Witch Is Dead!“

Lemon curd – Zitronencreme

Zutaten: *6 unbehandelte Zitronen, 130 g Butter, 2 Eier, 3 Eigelb, 150 g Zucker, 1 Pck. Vanillezucker*

Zubereitung: *Die Zitronen waschen, trockentupfen und den gelben Anteil der Schale von 5 Zitronen abreiben, von der verbliebenen Zitrone mit dem Zestenschneider die Schale abtrennen und in ca. 3-4 cm große Stücke schneiden. Anschließend alle Zitronen auspressen. Es werden 250 ml Saft benötigt.*

Die Butter in kleine Stücke schneiden und im Wasserbad schmelzen. Saft, Schalenabrieb, Vanillezucker und Zucker hinzugeben und mit dem Schneebesen gut verrühren. Die Eier und die Eigelb in einer Schüssel gut miteinander verquirlen und anschließend durch ein Sieb unter ständigem Rühren mit dem Schneebesen zu der Zitronensaft-Zucker-Buttermasse geben. So lange im Wasserbad erhitzen, bis eine cremige Masse entstanden ist (ca. 10 Minuten). Dabei immer wieder rühren. Dann in Gläser umfüllen, abkühlen lassen, mit den Zesten dekorieren und im Kühlschrank maximal zwei Tage aufbewahren.

Lemon Curd reicht man zur Tea Time mit Scones, zum Frühstück mit Toast oder nutzt ihn als Füllung für Torten.

Männer unter sich – der Gentlemen's Club

Zwei Herren im feinen englischen Zwirn haben auf edlen Ledersesseln Platz genommen. Auf dem niedrigen Salontischchen, das zwischen ihnen steht, haben sie ihre Gläser abgestellt, der eine trinkt Gin, der andere einen schottischen Whisky. Dazu raucht er eine dicke kubanische Zigarre. Die Wände des Raumes sind mit kostbarem Mahagoniholz vertäfelt. Die Herren haben sich entspannt zurückgelehnt und plaudern. Doch ihr Thema ist bedeutend.

Die beiden sind Tories, Mitglieder der konservativen Partei. Der Zigarrenraucher ist Winston Churchill. Es ist die Weihnachtszeit des Jahres 1917. Nach heftigem politischem Gerangel ist Churchill seit einem halben Jahr Munitionsminister. Großbritannien befindet sich im Krieg. Mit seinem Gesprächspartner bespricht Churchill den Bau eines neuartigen Kampfgeräts. Er bezeichnet die schwer gepanzerten Gefährte als „Tanks". Es sind die ersten Panzer, die die Welt sehen wird, und sie werden maßgeblich am Zusammenbruch der letzten deutschen Offensive im kommenden Sommer beteiligt sein.

Dass sie überhaupt gebaut werden können, ist Churchills weitsichtiger Vorstellungskraft und seiner mutigen Entschlussfreude zu verdanken. Und den geheimen Absprachen, die er mit einflussreichen Herren trifft. Hier, in der intimen Diskretion des Hinterzimmers seines Clubs.

Es handelt sich um den Carlton Club an Londons Prachtstraße Pall Mall. Er ist einer der renommiertesten Clubs der Stadt. Hier trifft sich, was Rang und Namen hat. Vor allem sind es Mitglieder der Tories, Englands Konservative. Frauen sind nicht zugelassen.

In der Vergangenheit hatten die Kaffeehäuser den Zweck erfüllt, verschwiegene Räumlichkeiten für inoffizielle Treffen zwischen den wichtigen Entscheidungsträgern der Gesellschaft zu bieten. Das erste dieser Häuser war bereits 1650 in Oxford gegründet worden, zwei Jahre später zog London nach. Die Kaffeehäuser verbreiteten sich besonders um die Börse herum, hier wurden sie zum beliebten Treffpunkt von Spekulanten und Geschäftsleuten. Sie waren das ideale Umfeld für ernsthafte Verhandlungen, denn Frauen hatten keinen Zutritt und konnten deshalb die Gespräche nicht mit banalen Nichtigkeiten stören. Natürlich widmete man sich auch dem Vergnügen, man veranstaltete Lesungen oder unterhielt sich mit Spielen, insbesondere mit Schach. Doch im Laufe der Zeit wandelten sich die Kaffeehäuser und verloren ihr elitäres Gepräge. An ihre Stelle traten im 19. Jahrhundert die Clubs.

Insbesondere im Londoner Westend um den St. James's Palace und Pall Mall entstanden vornehme Gentlemen's Clubs, sodass die Gegend auch als „Clubland" bezeichnet wird. Die Clubs zeichnen sich dadurch aus, dass sie einen geschlossenen Zirkel von Personen mit ähnlichen politischen Ansichten und Interessen bilden. So gibt es Clubs für konservative Politiker wie den Carlton Club, aber auch solche für Wissenschaftler, für Schriftsteller oder für Reisende. Um Mitglied im Travellers Club sein zu dürfen, musste man jährlich mindestens einmal im Ausland sein, und zwar wenigstens fünfhundert Meilen von London entfernt. Es gibt einen Club für Mitglieder mit schottischer Abstammung, einen für Absolventen der Eliteuniversitäten Oxford und Cambridge, einen für Fans des Cricket-Spiels und einen für Schauspieler. Natürlich haben auch die Angehörigen des Militärs ihre Clubs.

Für die Herren waren die Clubs lange Zeit in erster Linie so etwas wie ein zweites Zuhause. Hier hatten sie ihre Ruhe, denn sie blieben garantiert unter sich. Man vertrieb sich die Zeit mit Plaudereien, Gesellschaftsspielen, geistigen Getränken und warmen Mahlzeiten. Mitunter wurden auch Wetten veranstaltet. Da setzten dann die Herren schon mal mehrere tausend Pfund auf einen bestimmten Regentropfen an der Fensterscheibe, auf dass er als erster den unteren Rahmen erreichen möge.

Viele Clubs boten sogar die Möglichkeit zum Übernachten. Gab es also daheim Ungemach, störte die Unruhe, die der Nachwuchs verbreitete oder hatte man gar eine zänkische Ehefrau, so zog man sich mitunter tagelang in den Club zurück. Manche Herren verbrachten sogar mehr Lebenszeit im Club als daheim.

Natürlich konnte nicht jedermann so einfach Mitglied werden. Zunächst waren die Clubs den Aristokraten vorbehalten. Um Aufnahme zu finden, bedurfte es der Fürsprache mindestens eines langjährigen Mitglieds. Dann stimmten die anderen mit dem „Blackballing“ ab: In geheimer Wahl warfen sie entweder eine weiße oder eine schwarze Kugel in eine Urne. Dabei reichte für die Ablehnung des Kandidaten schon eine einzige schwarze Kugel.

Doch mit der Zeit wurden die Aufnahmekriterien gelockert. Jeder Gentleman fand jetzt irgendwo einen passenden Club, der ihn aufnahm. Natürlich nur, wenn sein Leumund ausgezeichnet war und es keine anderen Gründe gab, die gegen die Aufnahme sprachen. Das konnte allerdings schon alleine die Notwendigkeit sein, den Lebensunterhalt durch eigene Arbeit verdienen zu müssen.

Doch auch von dieser rigiden Aufnahmevoraussetzung hat man sich mittlerweile vielfach verabschiedet. Denn auch in England gibt es immer weniger feine Herren, die es nicht nötig haben, zu arbeiten. Die Demokratisierung bewirkt, dass mehr und mehr Clubs ihre Tore für ganz normale bürgerliche Mitglieder öffnen. Im Zuge der neuen Zeit nehmen nun auch einige Clubs weibliche Mitglieder auf. Aber natürlich längst nicht alle.

Der vornehme Carlton Club verlor sein prächtiges Gebäude an der Pall Mall während eines Luftangriffs im Zweiten Weltkrieg. Deshalb wich man 1943 in die St. James

Street aus. Nach wie vor werden hier wichtige Entscheidungen getroffen und Ränke geschmiedet. Und nach wie vor können nur Männer die Vollmitgliedschaft erwerben. Frauen dürfen unter besonderen Umständen einen Sonderstatus erhalten, allerdings berechtigt sie das nicht zur Nutzung sämtlicher Räumlichkeiten des Clubs. Schließlich wollen die Herren in gewissen Stunden unter sich bleiben.

Eine Ausnahme hat es allerdings gegeben: Margaret Thatcher erhielt als bisher einzige Frau in der Geschichte des Clubs die uneingeschränkte Vollmitgliedschaft. Es mag sein, dass die Herren deren weibliches Geschlecht bloß als ein Versehen der Biologie betrachtet haben.

Club Sandwich

Zutaten für 4 Personen: *8 Scheiben Toastbrot, 8 Scheiben Bacon, 8 El Majonäse, 4 Blätter grüner Salat, 4 Scheiben Cheddarkäse, 1 Tomate, 16 kleine Cornichons, Pfeffer, etwas Bratfett*
Zubereitung: *Den Bacon in einer Pfanne mit wenig Fett knusprig braten. Die Tomate in dünne Scheiben schneiden. Die Rinde von den Toastscheiben abschneiden, dann jede Scheibe von einer Seite mit Majonäse bestreichen. Etwas Pfeffer darüber mahlen, dann auf die Hälfte der Toastscheiben jeweils ein Salatblatt, 1-2 Tomatenscheiben, 1 Scheibe Cheddarkäse und 2 Stücke Bacon legen. Jeweils eine Toastscheibe mit der Majonäseseite nach innen drauflegen und alle Scheiben zweimal diagonal durchschneiden, sodass kleine Dreiecke entstehen.*
Auf 16 Zahnstocher jeweils ein Cornichon stecken und die einzelnen Toastdreicke damit durchstechen.

Love it or hate it – die Sache mit Marmite

Nun kommen wir endlich zum englischen Essen für Extremisten: Hefepaste, deren bekannteste Marke Marmite heißt. Marmite gibt es schon seit 1902, es ist sozusagen die Mutter aller Hefepasten. Doch was veranlasst die Engländer, sich eine braune, intensiv würzige Pampe aufs Brot zu schmieren? Der Geschmack lässt sich schwer beschreiben, aber es mag etwas Vergleichbares herauskommen, wenn man Maggi einreduziert oder sich einen Brühwürfel in Pastenkonsistenz vorstellt. Die meisten Nichtbriten schüttelt es bei dem Gedanken.

Marmite ist im Grunde nichts anderes als ein Abfallprodukt der Bierherstellung. Denn für die alkoholische Gärung benötig man Hefekulturen. Die lagern sich während des Gärungsprozesses ab, bei untergärigem Bier bilden sie den Bodensatz, bei obergärigem steigen sie an die Oberfläche.

Diese Hefe wird eingesammelt und der Autolyse unterzogen. Platt gesagt bedeutet das nichts anderes, als dass das Zeug sich mithilfe von Enzymen selbst verdaut. Dadurch wird das proteinhaltige Innere der Zellen freigesetzt, dessen Enzyme eine weitere Zerlegung der Masse in Aminosäuren bewirkt. Während dieses Prozesses wird die anfangs flüssige Masse mehrfach gefiltert und konzentriert.

Ganz ähnlich hat das auch Justus Liebig mit seinem berühmten Fleischextrakt gemacht, der Vorläufer der noch heute beliebten Maggi-Würze war. Zwar macht man Maggi aus Pflanzenproteinen, doch hat der Herstellungsprozess eine große Ähnlichkeit mit dem von Marmite. Das Endprodukt ist eine intensive Würze, die Suppen und Soßen einen herzhaften Geschmack verleiht.

Aber Marmite hat einen anderen Weg als Maggi eingeschlagen. Zwar kann man damit auch würzen, mit heißem Wasser aufgegossen ergibt es eine Bouillon. Viel lieber schmiert man es sich in England jedoch aufs Brot.

Die Marmite Food Extract Company in Burton-on-Trent begann 1902 mit der Produktion der Würzpaste. Mit der Verfeinerung wurde ein paar Jahre lang herumexperimentiert, man gibt seitdem Salz, Pflanzenextrakte und ein paar Gewürze hinzu. Das Geheimnis des genauen Rezepts wird allerdings streng gehütet.

Spätestens seit 1912 feierte der Hefeextrakt dann großen Erfolg. Denn in diesem Jahr entdeckte man die Vitamine und deren Bedeutung für den Menschen. Marmite ist reich an Vitamin B: Es liefert fast den ganzen Vitamin-B-Komplex. Deshalb waren die gesundheitsbewussten Konsumenten begeistert und Marmite trat seinen unaufhaltsamen Siegeszug an.

Zunächst wurde es in einem irdenen Tiegel verkauft, der in seiner Form an die Kochtöpfe erinnerte, so wie sie damals allgemein aussahen. Deshalb erhielt es seinen

Namen, denn diese Art von Kochtopf heißt im Französischen „marmite". Solch ein Topf ziert bis heute das Etikett von Marmite, das aber längst in Plastikbehältern auf den Markt gebracht wird.

Schon im Ersten Weltkrieg packte man den englischen Soldaten eine ordentliche Portion Marmite in das Proviantgepäck. Denn die B-Vitamine sollten nicht nur eine gute Grundversorgung bewirken, Marmite sollte vor allem auch vor Beriberi schützen. Das ist eine üble Vitaminmangelerkrankung, verursacht durch fehlendes Vitamin B_1. Dieses Vitamin, das auch Thiamin heißt, ist in Marmite vorhanden, trotzdem mischt der Hersteller noch weiteres Thiamin hinzu. Die Ursache dafür mag in der Verwendung von Marmite als Thiaminmangelprophylaxe im Ersten – und übrigens später auch im Zweiten – Weltkrieg liegen. Man wollte vermutlich einfach nur ganz sicher gehen.

Außerdem wurde behauptet, dass der Genuss von Marmite vor Attacken durch Stechmücken bewahrt und deshalb ein wirksamer Schutz gegen Malariainfektionen ist. Es mag ja überzeugend klingen, dass der Geruch von Marmite auf die Mücken abschreckend wirkt, einen Beweis dafür gibt es aber nicht. Trotzdem sind viele Briten so von der Wirksamkeit überzeugt, dass sie auf Reisen in die Tropen immer genug Marmite bei sich führen. Überhaupt reisen fünfundzwanzig Prozent der Briten angelblich nicht ohne Marmite im Gepäck. Aber vielleicht möchten sie auch einfach nicht darauf verzichten. Denn irgendwie scheint die braune Paste eine geheimnisvolle Magie auszuüben.

Es waren nicht nur britische Soldaten, die im Zweiten Weltkrieg mit Marmite versorgt wurden, man reichte es auch an die Soldaten aus den Commonwealth-Ländern weiter. In Australien mochte man nach den Erfahrungen mit Marmite nicht mehr darauf verzichten und kreierte eine eigene Version, das Vegamite. Vegamite ist im Gegensatz zu Marmite mit mehr Zusätzen wie Farbstoffen und Aromen versetzt, schmeckt aber trotzdem milder. Britische Hardliner lehnen es deshalb ab. Für sie hat Marmite ein weiteres Produkt auf den Markt gebracht, das Marmite XO. Es ist eine gereifte Variante des Marmite, die noch intensiver als das Original schmeckt.

Die Hersteller von Marmite sind sich natürlich darüber im Klaren, dass sich an ihrem Produkt die Geister scheiden. Und nach typisch englischer Art haben sie einen Kult daraus gemacht und werben mit dem Slogan: „Love it or hate it" – „liebe es oder hasse es". Mittlerweile gehört Marmite dem Unilever-Konzern.

Zu einem Drama um Marmite kam es 2012 in Neuseeland. Aufgrund von markenrechtlichen Besonderheiten darf Unilever in Neuseeland kein Marmite verkaufen, sodass eine Lieferung von in Großbritannien hergestelltem Hefeextrakt nicht möglich ist. In Neuseeland verkauft die Firma Sanitarium Marmite und stellt es auch dort her. Diese Besonderheit führte fast zur Katastrophe.

Denn nachdem das Erdbeben vom November 2011 in Christchurch zur Beschädigung der dortigen Marmite-Fabrik geführt hatte, musste die Produktion eingestellt werden. Schnell schmolzen die Vorräte der neuseeländischen Supermärkte dahin. Als das bekannt wurde, kam es zu Panikkäufen, man sprach vom „Marmageddon". Im Internet gab es Auktionen, bei denen für ein Glas Marmite ganze achthundert Neuseeländische Pfund gefordert wurden – das sind gute fünfhundert Euro. Und es ist 185mal mehr, als ein 250-Gramm-Glas normalerweise kostete.

Man riet der Öffentlichkeit, Marmite nur noch sparsam zu verwenden, und selbst der Premierminister räumte ein, er werde nun wohl auf das australische Vegamite ausweichen müssen, da seine Vorräte an Marmite zur Neige gingen.

Zum Glück konnte die Produktion in Neuseeland im Februar 2013 erneut aufgenommen werden. Am 20. März 2013 begann pünktlich um Mitternacht wieder der Verkauf – aufgrund des großen Andrangs limitierten viele Supermärkte die Abgabe auf zwei Gläser pro Person. Beruhigenderweise hat sich die Lage inzwischen aber wieder stabilisiert.

Man genießt Marmite auf gebuttertem Toast oder auf Crackern. Kenner runden ihr Käsesandwich damit ab. Auch manche Hersteller von Fertigprodukten wissen Marmite gezielt einzusetzen, es gibt mit Marmite gewürzte

Chips oder Marmite-Käsegebäck. Starbucks verkauft in England ein Brötchen mit Käse und Marmite.

Und wenn Sie nun den Kopf darüber schütteln: In der Schweiz wird seit 1931 Cenovis verkauft, ein Brotaufstrich aus Nährhefe. Und in Deutschland gibt es schon seit Ende der Zwanzigerjahre des letzten Jahrhunderts Vitam-R. Das gehört zu den ältesten Angeboten unserer Reformhäuser. Denn dank des Reichtums an B-Vitaminen ist es eine gute Nahrungsergänzung für Vegetarier. Lediglich das Vitamin B_{12} fehlt. Es ist das einzige Vitamin der B-Reihe, das im Hefeextrakt unterrepräsentiert ist. Deshalb mischt man es dem Marmite auch hinzu.

Zumindest bei den B-Vitaminen lässt Marmite deshalb nichts zu wünschen übrig. Wie sich das beim Geschmack verhält, muss wohl jeder für sich entscheiden.

Spaghetti Marmite

Zutaten für 4 Personen: *400 g Spaghetti, 100 g Butter, 1 El Marmite, 1 Bund Schnittlauch, Salz, geriebener Parmesan*
Zubereitung: *Die Spaghetti nach Packungsangabe in Salzwasser al dente kochen. Die Butter in einem kleinen Topf zerlassen und das Marmite hineinrühren, gut verteilen. Den Schnittlauch in Röllchen schneiden. Die Spaghetti abgießen, zurück in den Topf geben und mit der Marmitebutter vermengen. Auf Tellern anrichten, mit Schnittlauch bestreuen und nach Geschmack Parmesankäse darübergeben.*

Taten, nicht Worte! – Der Weg der Suffragetten

Ethel Mary Smyth war eine höhere Tochter. Sie kam aus einer typisch viktorianischen Bürgerfamilie. Ihre Mutter war eine gebildete Frau, die ihre Jugend in Paris verbracht hatte und fließend Französisch sprach. Ethels Vater diente als Major in der bengalischen Armee. Für die Erziehung des Nachwuchses wurden deutsche Gouvernanten angeheuert, die den Kindern nicht nur ihre Sprache, sondern auch noch weitere Fähigkeiten vermittelten. Eine dieser Frauen hatte es Ethel ganz besonders angetan. Denn sie hatte das Konservatorium in Leipzig besucht und spielte perfekt Klavier. Ethel war begeistert. Das war es, sie wollte Musik studieren!

Was für ein unziemlicher Wunsch. Sie durfte natürlich Klavier spielen, niemand hatte etwas dagegen. Aber es waren die Siebzigerjahre des 19. Jahrhunderts. Kein Mädchen würde studieren, das war völlig undenkbar. Sollte sie lieber die Ehe mit einem Mann von angemessenem gesellschaftlichem Niveau eingehen!

Doch Ethel war eine Rebellin. Weder, dass man sie von zuhause wegschickte, um sie in einem Mädchenpensionat zur Raison bringen zu lassen, noch die entschiedenen Verbote, die ihr Vater aussprach, brachten sie zum Kapitulieren. Sie hüllte sich wochenlang in Schweigen, sie verweigerte die obligatorischen Kirchenbesuche und erschien nicht mehr bei Dinnern oder auf Bällen, und schließlich trat sie sogar in den Hungerstreik. Da endlich gaben ihre Eltern klein bei. Auch Ethel durfte das Konservatorium in Leipzig besuchen. Es war eine der wenigen Lehranstalten in Europa, die Frauen das Musikstudium erlaubten. Ethel wurde eine erfolgreiche Komponistin, Dirigentin und Schriftstellerin. Aber niemals hat sie vergessen, wie hart sie dafür kämpfen musste.

Und dass Frauen weder studieren noch wählen durften, empfand sie als himmelschreiende Ungerechtigkeit. Schon in ihrer Jugend hatte sie miterlebt, dass Frauen gegen ihre Diskriminierung protestierten. Die Regierung hatte ein Gesetz eingeführt, dass die Zwangsuntersuchungen von Prostituierten anordnete.

Die betroffenen Frauen waren dagegen auf die Straße gegangen und erreichten nach vielen Jahren des Protests endlich die Aufhebung der Verordnung. Ihr mutiger Kampf hatte die Befürworterinnen des Frauenwahlrechts dazu motiviert, sich ebenfalls zu organisieren und mit ihren Forderungen auf die Straße zu gehen. Denn Demonstrationen und öffentliche Proteste waren zu dieser Zeit noch nicht an der Tagesordnung.

Zu einer beliebten Provokation der Frauenrechtlerinnen geriet das demonstrative Rauchen in der Öffentlichkeit, denn das war in jenen Jahren ein exklusives Vorrecht der Männer. Das Verhalten der Frauen brach ein eisernes Tabu und erregte großes Aufsehen.

Es sollte noch bis 1903 dauern, bis die bürgerliche Frauenbewegung „Women's Social and Political Union" gegründet wurde. Ihre Mitglieder nannten sich Suffragetten, in Anlehnung an das französische Wort „suffrage" für „Wahl". Die Frauen forderten eine Ausweitung ihrer Rechte, insbesondere das Wahlrecht, und sie waren dazu bereit, diese Forderung mit furchtlosem Einsatz zu untermauern. Sie nahmen es in Kauf, auf ihren Demonstrationen verhaftet zu werden. Um sich zur Wehr zu setzen, traten verhaftete Suffragetten in den Hungerstreik, worauf die Regierung mit teilweise brutaler Zwangsernährung antwortete.

1908 kam es zu einer Massendemonstration im Londoner Hyde Park, als ein halbe Million Menschen für die Forderungen der Frauen auf den Plan traten. Dabei waren es auch durchaus viele Männer, die die Frauen unterstützten, darunter Prominente wie der Dirigent Thomas Beecham oder der Schriftsteller George Bernard Shaw.

Doch als alle Gesetzesentwürfe, die auch nur einen Anflug von Verbesserungen für die Frauen vorsahen, von den konservativen Männern im Parlament abgeschmettert wurden, reagierten die Suffragetten mit zunehmender Radikalisierung. Immer öfter kam es zu gewalttätigen Ausschreitungen. Ende des Jahres 1910 wurden nicht nur Schaufenster von Kaufhäusern eingeworfen und Landsitze angezündet, es gab auch mehrere Bombenanschläge, unter anderem auf Westminster Abbey. Eine Gruppe von bewaffneten Frauen stürmte das Unterhaus, es kam zu blutigen Auseinandersetzungen.

Das war die Zeit, als auch Ethel Smyth zu den Sufragetten kam. Sie komponierte mit „The March of Women“ die Hymne der Bewegung und beteiligte sich fortan an den immer militanter werdenden Aktionen.

Im Jahr 1912 zerstörten die Suffragetten im Einkaufsviertel des Londoner Westends etliche Schaufenster. Eine verzweifelte Frauenrechtlerin warf sich vor das Pferd von King Georg V., eine Aktion, die sie mit dem Leben bezahlte. Ethel Smyth provozierte bewusst ihre Verhaftung, indem sie die Scheiben des Kolonialsekretariats einwarf. Im Gefängnis intonierte sie mit den anderen verhafteten Frauen inbrünstig die von ihr komponierte Hymne. So hat es jedenfalls Thomas Beecham erzählt, der sie dort besuchte. Tatsächlich kam es in den Gefängnissen aber wohl auch zu schweren Missständen und Misshandlungen. Viele Frauen verließen die Zuchthäuser mit gesundheitlichen Schäden. Einer der betroffenen Ehemänner war Senator und informierte die Öffentlichkeit über die desolaten Haftbedingungen. Die Berichterstattungen in der Presse sorgten für große Sympathien, man nannte die Frauen nun „Iron Jawed Angels“ – „Engel mit eisernem Kiefer“.

Als dann der Erste Weltkrieg ausbrach, unterbrachen die Frauen ihren Kampf um die Emanzipation, um die Kriegsanstrengungen zu unterstützen. Und nach dem Krieg erteilte man ihnen endlich das Wahlrecht – allerdings nur, sofern sie mindestens dreißig Jahre alt waren und über Landbesitz verfügten. Doch die Forderung nach Gleichberechtigung war damit nicht zu beschwichtigen, zumal es auch in den USA eine kämpferische Frauenbewegung gab. Diese setzte sich 1920 endlich durch. Acht Jahre später beugte sich schließlich auch Großbritannien dem Druck und erließ ein allgemeines Wahlrecht für Frauen.

Ethel Smyth aber setzte ihren Kampf fort. Nun nicht mehr für das Frauenwahlrecht, sondern für die Anerkennung von Frauen im Beruf. Besonders gegen die Geringschätzung, die man Komponistinnen entgegenbrachte, setzte sie sich zur Wehr.

Gegen Ende ihres Lebens wandte sie sich zunehmend der Schriftstellerei zu. Denn sie fühlte sich sehr zu einer deutlich jüngeren Freundin hingezogen, die ebenfalls schrieb: Virginia Woolf. Woolf befand zwar, dass die Gegenwart von Ethel Smyth sehr anstrengend sei. Nicht einmal ein Hund könne das aushalten, hat sie einmal gesagt. Dennoch bezeichnete sie Smyth als Pionierin und Wegbereiterin, Felsensprengerin und Brückenbauerin für alle, die nach ihr kommen sollten. Und letztendlich war Virginia Woolf wohl selbst auch keine ganz einfache und umgängliche Persönlichkeit.

HOT AND SOUR SOUP – HEISSE, SAURE SUPPE

Zutaten für 4 Personen: *500 g geschälte Garnelen, 150 g Cremechampignons, 5 Frühlingszwiebeln, 1 unbehandelte Limette, 1 Stängel Zitronengras, 1 rote Chilischote, 1½ l Hühnerbrühe, 4 El Sojasauce, 2 Knoblauchzehen, 1 Tl Tom-Yum-Paste, 1 kl. Bund Koriander, 2 Tl Zucker, Salz, Pfeffer*

Zubereitung: *Die Pilze putzen und vierteln. Die Chilischote halbieren, entkernen und fein hacken. Die Frühlingszwiebeln und das weiche Innere des Zitronengrases putzen und in kleine Röllchen schneiden. Die Knoblauchzehen fein hacken. Die äußere Schale der Limette abreiben, dann den Saft auspressen.*

Nun die Hühnerbrühe in einem Topf aufsetzen. Sojasauce, Tom-Yum-Paste und Zucker einrühren, salzen und pfeffern. Dann Knoblauch, Chili, Zitronengras sowie Abrieb und Saft der Limette hinzugeben. Aufkochen, die Pilze hinzugeben und dann ein paar Minuten bei schwächerer Hitze simmern lassen. Nun die Frühlingszwiebeln und die Garnelen hinzugeben und 3 Minuten lang köcheln lassen.

Vom Herd nehmen, auf Tellern anrichten und mit etwas Koriander bestreuen.

Mit Toastbrot servieren.

Mini, Twiggy, Carnaby – das Swinging London der Sixties

Grau und triste lag die Welt einst im Schatten düsterer Ereignisse der Vergangenheit. Zwei Weltkriege hatten Europa verwüstet und endlos viele Leben vernichtet. Die Übriggebliebenen hatten sich zusammengerafft und ihre Länder wieder aufgebaut. Es war mühevolle Arbeit gewesen, und in ihren Herzen lagen noch immer all die Schmerzen verborgen, die Ängste und die Verzweiflung, die die schlimmen Kriegsjahre hinterlassen hatten. Diese Ketten vermochten viele Menschen nicht zu lösen.

Doch als aus ihren Kindern langsam erwachsene junge Menschen wurden, schien es plötzlich, als ob einer von ihnen das Licht angemacht hätte. Denn da erhellte sich schlagartig der Konzertsaal der eben noch so traurigen Welt und füllte sich mit bunten, schillernden Lichtern: Die Swinging Sixties waren angebrochen. Sie verwandelten England in einen farbenfrohen Jahrmarkt des Optimismus, eine Welle, die schnell auch auf den Kontinent überschwappte. Überall gingen auf einmal die Lichter an!

Für das passende Feeling sorgten junge Musiker wie die Beatles oder die Rolling Stones mit ihrem ganz neuen, von allen Konventionen befreiten Sound. Aus den USA schwappte die Hippie-Bewegung herüber, denn die Jugend lehnte den Vietnamkrieg ab und forderte stattdessen Flower Power. Und in England setzten hippe junge Kreative noch eins drauf. Zum Beispiel zeigten die Beatles mit ihren Pilzköpfen, was sich mit Haaren so alles anstellen ließ.

Anfang der Sechzigerjahre waren Perücken groß in Mode. Es gab kaum eine Frau, die keine besaß. Jackie Kennedy reiste mit sechzehn Stück davon im Gepäck. Die Fortschritte der Raumfahrt und die Science-Fiction-Serien jener Zeit beflügelten eine futuristisch geometrische Haarmode, fern von jedem natürlichen Look. Dem setzte die Jugend der Sechziger als Kontrast wilde und natürliche Haartrachten entgegen. Offene, lange Haare gerieten zum Zeichen von Freiheit und Unabhängigkeit, Frisörbesuche wurden überflüssig.

Noch vor der Hippiemode mit ihren langen, folkloristischen Kleidern, gebatikten Hemden und Jesuslatschen entstand im London jener Jahre ein neues Design. Mary Quant, Besitzerin einer Boutique im Stadtteil Chelsea, hatte 1962 eine zündende Idee: Sie erfand den Minirock!

Tatsächlich hatte es schon einmal eine kurze Mini-Episode gegeben, und zwar im Deutschland der Dreißigerjahre. In der Nazizeit verschwand der Trend aber rasch wieder. Als Quant dreißig Jahre später den Mini aus der Taufe hob und es damit bis auf den Titel der britischen Vogue schaffte, war das ein Riesenskandal. Das kurze Röckchen wurde als absolut ungehörig empfunden. Trotzdem – oder gerade deshalb – entwickelte sich der Mini innerhalb von drei Jahren zum weltweiten Verkaufsschlager. Der Mini war einerseits Provokation, andererseits

Ausdruck des neuen Selbstverständnisses der modernen jungen Frauen.

Die Legende sagt, dass Quant den Mini nach dem gleichnamigen Auto benannte, das ja damals auch mit so wenig wie möglich auskommen musste. Zum minimalistischen Look passte, dass der Mini mangels Stoffmenge offiziell als Kinderkleidung galt und deshalb steuerbegünstigt war.

Zusammen mit farbig gemusterten Strumpfhosen, flachen Kunststoffstiefeln und einem kurzen Regenmantel waren die modebewussten jungen Frauen nun sogar für das wechselhafte englische Wetter gerüstet. Auch die Strumpfhosen waren eine neue Erfindung. Denn die bisher üblichen Nylonstrümpfe konnte frau natürlich schlecht unter dem Minirock tragen. Die Modeindustrie trug dem Rechnung und rückte das Bein, von dem ja nun erstmals so einiges zu sehen war, mit großen Mustern und knalligen Farben ins rechte Licht.

Mäntel und Stiefel fertigte Mary Quant aus PVC. Dieses Material war bislang nur als Bodenbelag bekannt gewesen. Wie revolutionär diese Art der Mode in jenen Tagen war, vermag man sich heute kaum noch vorzustellen.

Schnell fand der Minirock gesellschaftliche Akzeptanz. Selbst das englische Königshaus billigte eine Länge von sieben Zentimetern über dem Knie. Für ihren Mut wurde Mary Quant sogar schon 1966 von Elizabeth II. mit dem „Order of the British Empire" ausgezeichnet.

Während Jackie Kennedy als Stilikone noch an das Frauenbild der Fünfzigerjahre erinnerte, brachte die junge Generation in England ein neues Gesicht hervor: Twiggy. Sie heißt eigentlich Lesley Hornby und stammte aus einem Vorort von London. Schon mit sechzehn Jahren wurde sie berühmt und revolutionierte das Ideal des Frauenbilds. Denn sie war spindeldürr. Mit großen, runden Kinderaugen schaute sie unter ihrem Bubikopf hervor und machte ihrem neuen Namen alle Ehre. Denn „Twiggy" bedeutet so viel wie „Ästchen". Sie war das erste Supermodel und Wegbereiterin eines neuen Schlankheitstrends.

Nach ihrem Vorbild wurden dunkel geschminkte und mit falschen Wimpern akzentuierte Augen zum letzten Schrei. Extrem dunkles Augen-Make-up mit Eyeliner und schwarz nachgezogener Lidfalte wurde mit weißem oder silbrigem Lidschatten kombiniert.

Die hippe Modewelt des „Swinging London" ballte sich in der Carnaby Street im Norden des Stadtteils Soho zusammen. Mary Quant und andere angesagte Designer eröffneten hier Läden, und wer in sein wollte, kam nicht darum herum, seine Klamotten in der Carnaby Street zu kaufen. Die Straße entwickelte sich zum zentralen Impulsgeber der englischen Jugendkultur.

Zu den explodierenden Farben der Modewelt und den Klängen der neuen Musik gesellten sich natürlich auch psychedelische Experimente mit Drogen wie Haschisch oder LSD. Cocktails zu trinken wurde hochmodern.

Das Feeling der Sixties in Großbritannien bringt Michelangelo Antonioni mit seinem Spielfilm „Blow Up“ von 1966 auf den Punkt. Das mehrfach ausgezeichnete Werk gilt als beste Momentaufnahme des Zeitgeists und wichtigster Film der Sechziger. Er spiegelt das Lebensgefühl der Swinging Sixties in London und ist längst zum Kultfilm avanciert.

Cocktails der Sixties: Pink Lady

Zutaten: *6 cl London Dry Gin, 1 Eiweiß, 1 Esslöffel Rum, 1 Esslöffel Grenadinesirup, gestoßenes Eis, 1 Cocktailkirsche*
Zubereitung: *Alle Zutaten in einem Cocktail-Shaker gut mischen und dann durch ein Sieb in eine Cocktailschale abseihen. Mit der Cocktailkirsche garnieren.*

Yip Pip

Zutaten: *6 cl Wodka, 1 cl trockener Wermut, 1 dünne Gurkenscheibe, 1 Prise Salz, gestoßenes Eis*
Zubereitung: *Ein hohes Glas mit gestoßenem Eis gut kühlen und das Eis erst direkt vor dem Servieren entfernen. Dann die Gurkenscheibe und etwas Salz hineingeben. Wodka und Wermut mit dem gestoßenem Eis in einem Cocktail-Shaker gut mischen, durch ein Sieb in das Glas abseihen und servieren.*

London Fog

Zutaten: *2 cl Pernod, 6 cl Gin, gestoßenes Eis*
Zubereitung: *Pernod und Gin im Shaker mit gestoßenem Eis mischen und durch ein Sieb in ein gekühltes Whiskyglas abseihen.*

Dichter oder Strohmann? – Das Rätsel um William Shakespeare

Er ist der vielleicht berühmteste Engländer überhaupt: William Shakespeare. Und doch weiß man so gut wie nichts über ihn. Der Schriftsteller John Michell hat einmal notiert, die bekannten Fakten über Shakespeares Leben könnten auf einem einzigen Blatt Papier Platz finden. Dieser Mangel an Informationen hat die Geister beflügelt, ließ er doch jede Menge Raum für wilde Spekulationen. Die populärste davon ist, dass es gar nicht Shakespeare selbst war, der all die Stücke schrieb, die die Theaterwelt veränderten.

Zu den paar Kleinigkeiten, die man über den historischen Shakespeare weiß, gehört, dass er aus dem Provinznest Stratford-upon-Avon stammte. Sein Vater war Handschuhmacher und ein ehrgeiziger Mann, der sich bis zum Bürgermeister hocharbeitete. Die Familie hatte acht Kinder, William war der drittälteste Sprössling. Und auch er war strebsam, er brachte es mit Beteiligungen an erfolgreichen Londoner Theaterhäusern zu beachtlichem Wohlstand.

Kann ein geschäftstüchtiger Handwerkersohn ein so großartiges schriftstellerisches Werk vollbringen? Seine Arbeit sprüht vor Esprit, in jeder Zeile spürt man die umfassende Bildung des Autors. Sein Wortschatz ist geradezu überwältigend. Shakespeare nutzte zwischen 18.000 und 25.000 verschiedene Vokabeln – über die genaue Zahl herrscht Uneinigkeit, weil es unterschiedliche Definitionen bezüglich der Eindeutigkeit der Wörter gibt. Tatsache ist, dass Shakespeare auch viele Wörter neu erschaffen hat. Zu seiner Zeit war das möglich, denn es gab im 16. und 17. Jahrhundert noch keine strengen Restriktionen bezüglich Grammatik und Rechtschreibung. So führte Shakespeare noch heute gebräuchliche Wörter wie „accommodation“ (Unterkunft), „assassination“ (Attentat) oder „obscene“ (obszön) erstmals in die englische Sprache ein. Und hält man sich vor Augen, dass die King-James-Bibel, die 1611 im Auftrag des Königs herausgegeben wurde und die als einflussreichste englischsprachige Bibelübersetzung gilt, nur mit 5.000 unterschiedlichen Wörtern arbeitet, wird Shakespeares Sprachgewalt erst so wirklich deutlich. Kein Wunder, dass Shakespearezitate als geflügelte Worte den Bibelzitaten fast den Rang abgelaufen haben.

Aber es ist nicht nur die schiere Masse an unterschiedlichen Vokabeln, die Shakespeares Werke so faszinierend macht. Es ist vielmehr seine geniale Art, mit diesen Wörtern zu spielen. Er lässt sie mit der Leichtigkeit eines Jongleurs durch die Sätze wirbeln und doch mit kunstvoller Präzision die ihnen zugedachte Botschaft vermitteln. Seine Zeilen sind wie Gemälde aus Wörtern. Niemand vor ihm und auch niemand nach ihm vermochte das jemals so vollendet wie er. Und sein Werk ist zeitlos, die Schönheit seiner Verse empfindet man heute noch genauso wie vor vierhundert Jahren.

Doch auch inhaltlich ist sein Werk brisant. War es seit der Antike üblich, im Drama das tragische und unabwendbare Schicksal zu thematisieren, an dem der Mensch letztendlich zerbricht, so wandte sich die shakespearianische Sicht nach innen. Ganz wie in der modernen Psychologie zeigt er den Menschen im Konflikt zwischen seinem Verstand und seinen Emotionen. In der individualisierten Darstellung der Protagonisten fanden sich die Zuschauer wieder – der Erfolg der Stücke war gigantisch. Kein Wunder, dass Shakespeare Neider und Zweifler auf den Plan rief.

So entstand die Idee, dass Shakespeare nur ein Strohmann war, unter dessen Namen die Werke eines ganz anderen Autors veröffentlicht wurden. Vielleicht – wer weiß – war es sogar eine ganze Reihe von gebildeten Autoren, die im Teamwork neue Verse fürs Theater schufen und diese unter dem Namen des Theaterbesitzers Shakespeare unters Volk brachten. Als populäre Kandidaten für die Autorenschaft galten zum Beispiel der Baron Francis Bacon, ein Philosoph und Staatsmann aus Shakespeares Zeit, Edward de Vere, der Earl of Oxford war, Sir Henry Neville, ein Diplomat am königlichen Hof, oder William Stanley, Earl of Derby. Den Adelsleuten traute man die umfassende Allgemeinbildung eher zu als dem Bürgersohn aus der Provinz, auch wenn Shakespeare vermutlich in den Genuss einer ordentlichen Schulbildung gekommen war.

Dass die Debatte um Shakespeares Urheberschaft überhaupt aufkam, ist der amerikanischen Autorin Delia Bacon zu verdanken. Sie recherchierte im 19. Jahrhundert mehrere Jahre lang in England und verrannte sich so sehr in ihre Idee, dass man schließlich eine psychische Erkrankung bei ihr diagnostizierte. Dennoch veröffentlichte sie ihre These in einer vielbeachteten Monografie. Berühmte Schriftstellerkollegen schlossen sich den Zweifeln an, so George Bernard Shaw, Henry James und Mark Twain.

Allerdings gibt es keinerlei Beweise für diese Theorien. In der Literaturwissenschaft herrscht deshalb weitestgehend Konsens darüber, dass die 37 Dramen, 2 Versepen und 154 Sonette, die Shakespeare zugeordnet werden – insgesamt rund eine Million Wörter –, tatsächlich aus seiner eigenen Feder stammen.

Das Wenige, das über William Shakespeare bekannt ist, lässt sich kurz zusammenfassen. Wir haben ja schon gehört, dass eine Seite Papier dafür ausreicht.

Er wurde am 26. April 1564 in Stratford-upon-Avon getauft und starb zweiundfünfzig Jahre später am 23. April ebenda. Es gibt Aufzeichnungen über seine Abstammung und seine eigene Familie. Er heiratete 1582 eine acht Jahre ältere Bauerntochter und hatte mit ihr drei Kinder. Er ging ohne seine Familie nach London, ein Schriftstück belegt, dass er zumindest im Jahr 1592 dort dem literarisch interessierten Publikum bekannt war. Dieses Pamphlet bezeichnet ihn als emporgekommene Krähe mit Tigerherz, fein herausgeputzt und im Gewand eines Schauspielers versteckt. So maße er es sich an, zu dichten wie die angesehenen Dichter seiner Zeit und bilde sich ein, als Hans-Dampf-in-allen-Gassen die Theaterwelt revolutionieren zu können.

Diese Worte sind alles, was über Shakespeares Persönlichkeit überliefert ist. Der Verfasser entschuldigte sich später schriftlich für seine rüden Worte.

1594 trat Shakespeare vor Queen Elizabeth I. auf, 1596 wurde ihm ein Familienwappen verliehen. Ein Jahr später erwarb er ein großes Gebäude in seiner Heimatstadt. 1599 würde er Mitinhaber des Londoner Globe-Theatre und 1608 auch des Blackfriar's Theatre. 1611 kehrte er zu seiner Familie nach Stradford zurück und starb fünf Jahre später. Das war es auch schon mit den belegbaren Eckdaten.

1623 erschien die erste Gesamtausgabe seiner Werke. Allerdings gibt es keinerlei Nachweis darüber, ob die veröffentlichten Stücke tatsächlich aus der Feder William Shakespeares stammen. Denn es ist keine einzige Handschrift von ihm erhalten, lediglich sechs dahingekrakelte Unterschriften gibt es. Sie stammen aus seinen letzten Lebensjahren und unterscheiden sich auch noch alle voneinander.

Allerdings ist es nicht weiter verwunderlich, dass sonst nichts erhalten blieb. Das London jener Zeit war ein düsterer Moloch. Zweihunderttausend Menschen lebten hier, es war die drittgrößte Stadt Europas nach Paris und Neapel. Die Seefahrt brachte eine schillernde Vielfalt in die Stadt, Menschen und Waren aus aller Herren Länder, aber auch immer neue Krankheiten und Epidemien. Die Pest ließ sich nie vollständig besiegen.

Aus ganz England und auch aus Kontinentaleuropa strömten ständig neue Menschen in die Stadt, um hier ihr Glück zu machen. Die hygienischen Verhältnisse waren katastrophal und die Kriminalitätsrate war extrem hoch. Am Südende der London Bridge spießte man zur Abschreckung stets die Köpfe von Verbrechern auf, die Leichen der Gehenkten blieben in Käfigen den Blicken der Passanten ausgesetzt. Im großen Vergnügungsviertel waren blutige Tierkämpfe der letzte Schrei, und inmitten von stinkenden Gerbereien, von schmutzigen Pubs und Bordellen lag das Globe Theatre, in dem Shakespeare wirkte. Auf den billigen Plätzen drängte sich das einfache Volk, während die Galerien von Bürgern und Adelsleuten besucht wurden. Ihnen allen wurde Shakespeare gerecht, dem Volk servierte er Zoten und Possen, den gebildeten Zuschauern sprachliche Eleganz und philosophische Tiefe. Das Geschäft war hart, doch auch äußerst lukrativ.

Die restriktiven Regeln jener Zeit bedrohten Shakespeare jederzeit mit Zensur. Dem entkam er auf meisterhafte Art, indem er sein Werk mit Metaphern, Wortspielen und geschickten Verschachtelungen anreicherte. Zwischen den Zeilen verstecken sich die verborgenen Wahrheiten seiner Texte.

Doch das Papier war teuer. Deshalb gab es keinen kompletten Stücktext, jeder Schauspieler trug seinen Szenenpart auf kleinen Spickzetteln bei sich. So auch Shakespeare, der selbst kleine Rollen übernahm. Die Methode half beim Sparen und verhinderte überdies, dass Werke von der überall lauernden Konkurrenz gestohlen werden konnten. Sie bewirkte allerdings auch, dass keine Originalaufzeichnungen erhalten blieben. Der Rest ist Schweigen.

Und so werden die Spekulationen wohl weitergehen.

Roast beef with Yorkshire pudding and horseradish cream

Zutaten für 4 Personen: *1 kg Roastbeef, 800 g Kartoffeln, 250 ml Rotwein, 250 ml Rinderfond, 500 g grüne Erbsen (tiefgekühlt), 200 g Mehl, ½ Pck. Backpulver, 2 Eier, 250 ml Milch, 100 g saure Sahne, 20 g Butter, 2 Tl Senf, 1 Tl Meerrettich (Glas), Speiseöl, Pfeffer, Salz*

Zubereitung: *Für den Yorkshire Pudding in einer Schüssel 150 g Mehl mit dem Backpulver und einer Prise Salz vermischen. Die Eier verquirlen und zusammen mit der Milch gut unter das Mehl mischen. Den Teig abgedeckt 30 Minuten lang quellen lassen.*

Die Kartoffeln schälen und vierteln.

Das Fleisch mit Salz und Pfeffer würzen. In einer Pfanne 3 El Speiseöl stark erhitzen und das Fleisch darin rundum gut anbräunen, anschließend auf einen Bratrost legen.

Die Kartoffeln kurz in der Pfanne schwenken, salzen, pfeffern und anschließend in eine Auflaufform legen. Die Pfanne ungespült beiseitestellen.
Den Backofen auf 220°C vorheizen. Die Auflaufform mit den Kartoffeln neben das Fleisch auf den Rost stellen und den Rost in den Ofen schieben.
Nach 20 Minuten 4 kleine Portionsauflaufformen mit Öl gut einfetten und zusätzlich jeweils 2 El Öl hineinfüllen. Im Backofen auf einer Schiene direkt unter dem Fleisch 5 Minuten lang erhitzen, dann schnell den Teig für den Yorkshire Pudding auf die Formen verteilen und zurück unter das Fleisch in den Ofen stellen. Während des Backens soll der Saft aus dem Fleisch auf die Puddings tropfen.
Das Fleisch nach 40 Minuten Backzeit herausnehmen und gut mit Alufolie abdecken, damit es nicht auskühlt. Kartoffeln und Puddings im Ofen lassen und noch 10-15 Minuten lang fertigbacken, bis die Puddings aufgegangen und goldbraun sind.
Währenddessen in der Pfanne 3 El Speiseöl erhitzen und mit dem Schneebesen das restliche Mehl einrühren. Zwei Minuten lang brutzeln lassen, dann den Rinderfond und den Wein angießen. Mit einem Holzlöffel alles gut lösen, was sich am Pfannenboden abgesetzt hat. Mit Salz und Pfeffer würzen und 15 Minuten lang köcheln lassen, dabei immer wieder mit dem Schneebesen rühren.
Die Erbsen mit wenig Wasser aufkochen, salzen und 8 Minuten lang köcheln lassen. Abgießen, die Butter darüber schmelzen lassen und gut verteilen.
Die saure Sahne mit Senf und Meerrettich vermengen, mit Salz abschmecken und in einem Schüsselchen anrichten.
Die Yorkshire Puddings aus den Formen lösen und auf 4 vorgewärmten Tellern verteilen. Das Fleisch in Scheiben schneiden und mit Kartoffeln und Erbsen dazu anrichten. Zusammen mit der Rotweinsauce und der Meerrettichsahne servieren. Die Rotweinsauce gießt man über den Yorkshire Pudding.

Rosen, Rasen, Eremiten – der Englische Garten

Das Shakespeare-Geburtshaus in Stradford-upon-Avon habe ich vor Jahren einmal besucht. Das schöne alte Fachwerkhaus und sein liebevoll gepflegter Garten erzählen vom Leben der damaligen Zeit. Ein wenig außerhalb des Ortes kann man auch das Elternhaus der Frau des Dichters besichtigen, Anne Hathaway's Cottage. Mehr noch als Shakespeares Elternhaus besticht es durch seine großartige Gartenanlage. Im Sommer blüht und duftet es überall, zahllose Schmetterlinge zaubern einen Hauch von Magie in das irisierende Spiel von Licht und Schatten. Der Garten ist mit großer Präzision angelegt und sorgfältig gepflegt, und doch wirkt er wie die mühelose Komposition einer verschwenderisch großzügigen Natur.

Das ist das Geheimnis der Englischen Gärten. Sie schmiegen sich wie zufällig hingegossen in die Landschaft, die kreative Hand des Gärtners wirkt unsichtbar vor der spielerischen Harmonie natürlicher Formen. Damit unterscheiden sie sich vom barocken Garten, der seine grünen Bewohner in akkurate Strukturen zwingt. Streng ausgerichtet und starr reihen sich dort die Pflanzen aneinander, womit der Gärtner präzise geometrische Figuren schafft und das Chaos der Natur überwindet. Der Englische Garten ist dagegen ein Landschaftsgarten, der dem natürlichen Habitus seiner Pflanzen möglichst viel Raum lässt.

Deshalb fehlen ihm die großen, penibel angelegten Blumenbeete und die exakt geschnittenen Hecken barocker Gartenanlagen. Stattdessen gibt es überschwänglich blühende Staudenrabatte mit perfekt aufeinander abgestimmten Farbkombinationen. Denn der Englische Garten spiegelt das Idealbild einer natürlichen Landschaft mit abwechslungsreichen Facetten, sodass er wie ein begehbares impressionistisches Gemälde wirkt. Und doch liegen dem englischen Landschaftsgarten ein genau durchdachter Plan und die unermüdliche Arbeit des Gärtners zugrunde. Nur ist die strenge Architektur des Gartens geschickt als scheinbar natürliche Gegebenheit getarnt.

Die Entstehung großer Landschaftsparks wurde in England durch die intensive Schafzucht in der Zeit der Industrialisierung begünstigt. Die florierende Textilindustrie verlangte nach immer mehr Rohmaterial, die ganze Insel wurde von Wolle liefernden Schafen überschwemmt. Die sorgten mit ihrem Verbiss für eine Wiesenlandschaft mit vereinzelten Gruppen hoher Bäume. Strauchwerk und Gebüsch hatten keine Chance.

Da lag es nahe, die quasi vorgeformte Parklandschaft weiter zu kultivieren. Bereits im 18. Jahrhundert hatte man eine besondere Art der Einfriedung erfunden, das „Ha-Ha“. Das ist eine abgesenkte Begrenzung, die auf den ersten Blick für den Gartenbesucher unsichtbar bleibt. Deutlich unter dem Geländeniveau liegt ein Graben mit steiler Böschung oder einer Mauer. Das Ha-Ha verhindert das Eindringen wilder Tiere und ungebetener Besucher, beeinträchtigt aber nicht das Landschaftsgefühl, wenn man sich im Garten aufhält. Dann verschmelzen Garten und angrenzende Landschaft übergangslos zu einem Gesamtbild. Der eigentümliche Name „Ha-Ha“ ist der lautmalerische Ausdruck des Erstaunens. „Aha“ oder dergleichen mag der Gartengast überrascht ausrufen, wenn er beim Lustwandeln unvermittelt auf die Gartenbegrenzung stößt.

Zur Verzierung größerer englischer Gartenanlagen wurden mäandernde Flussläufe oder ganz natürlich wirkende Teiche und kleine Seen angelegt. Auch hiermit unterscheiden sie sich deutlich vom Barockgarten mit seinen schnurgeraden Kanälen, runden Bassins und stufenförmigen Kaskaden. Der Englische Garten spielt immer mit dem Eindruck zufälliger Gegebenheiten und organischer Formgebung. Deshalb schlängeln sich auch die Wege malerisch hindurch.

Um Akzente zu schaffen, setzte man Nachbildungen antiker Tempel in die Gartenparks, künstliche Grotten und Ruinen oder chinesische Pagoden. Auch Eremitagen waren eine Zeit lang modern. Das führte so weit, dass im 18. und 19. Jahrhundert sogenannte „Schmuckeremiten“ eingestellt wurden, also Einsiedler, die per Vertrag vom Gartenbesitzer angestellt wurden. Dann mussten sie nicht nur in der Einsiedelei des Gartens leben, sie hatten sich auch zu festgelegten Zeiten dem Gartenbesitzer und seinen Gästen zu zeigen, um sie mir ihrem Anblick zu unterhalten. Die Vertragsdauer mochte sieben Jahre betragen, in dieser Zeit durfte der Eremit sich unter keinen Umständen Haare, Bart und Nägel schneiden. Er trug ein raues Gewand aus unbehandelter Wolle und besaß nichts als eine Bibel, wurde aber zumindest vom Herrenhaus mit Essen versorgt. Und erhielt nach Ablauf der Vertragszeit ein hübsches Sümmchen Geld.

Neben solchen Kuriositäten sind es augenscheinlich die weiten Rasenflächen, die den englischen Landschaftsgarten kennzeichnen. Die Liebe zum Rasen ging oft so weit, dass man nicht nur die Gartenbegrenzung, sondern auch die Wege leicht versenkte, um den Eindruck des ungebrochenen Grüns nicht zu stören. Denn auf seine zurückhaltende Art betont der Rasen die ihn rahmenden Pflanzen und baulichen Elemente. Das funktioniert natürlich nur, wenn der Rasen nicht durch störende Kräuter und mangelnde Pflege beeinträchtigt ist. Deshalb perfektionierten die englischen Gärtner ihren Rasen zu einem homogenen, dichten Teppich. Eine Kunst, angesichts der so mancher Hobbygärtner vor Neid erblasst, wenn er an die heimische Gänseblümchenwiese denkt.

Der Englische Rasen erfordert reines Saatgut von hoher Qualität. Der Untergrund wird im Frühjahr nach dem letzten Frost sorgfältig von allen störenden Unkräutern befreit und aufgelockert, bevor man das Saatgut dicht und gleichmäßig ausbringt. Ist das Grün dann aufgegangen, wird der Rasen wöchentlich gedüngt und alle fünf Tage gemäht. Außerdem wird regelmäßig vertikutiert, damit sich kein Moos ansiedeln kann und die Graswurzeln belüftet werden. Jede Fremdpflanze, etwa ein vorwitziger Löwenzahn, der sich einzuschleichen gewagt hat, wird sofort entfernt. Das Resultat ist ein robuster, samtig weicher, dichter und sattgrüner Rasen. Es ist doch eigentlich ganz einfach!

Man muss allerdings auch einräumen, dass in England geradezu optimale Bedingungen herrschen. Die Winter sind mild und die Sommer nicht übermäßig heiß. Häufiger Regen und permanent feuchte Luft lassen das Gras gedeihen, wie kaum sonst wo auf der Welt.

Und was wäre der Englische Garten ohne die Englischen Rosen? Sie entstanden aus Kreuzungen alter Rosenarten und sind diesen deshalb sehr ähnlich. Oft sind sie wie Pfingstrosen üppig gefüllt und wachsen buschig. Doch ihr ganz besonderes Kennzeichen ist ihr betörender Duft. Damit verzaubern sie den Englischen Garten zu einem berauschenden Festival für die Sinne.

In den berühmten Gartenanlagen von Hestercombe, Sissinghurst Castle oder Stourhead lässt sich das Resultat vor Ort in England bewundern. Oder auch ganz einfach in den zahllosen kleinen Privatgärten, in denen die Engländer ihrer Gartenleidenschaft frönen.

Berry trifle

Zutaten für 4 Personen: *1 dunkler Biskuittortenboden, 500 g Englische Creme (Rezept s. Seite 43, alternativ fertiger Vanillepudding), 200 ml Schlagsahne, 100 g Zucker, 150 g Himbeeren, 150 g Heidelbeeren, 150 ml Milch, 1 Stange Zitronengras, 1 Vanilleschote, 30 g Speisestärke, 5 cl Gin, 60 g Schokoladenraspel*

Zubereitung: *Die Milch in einem Topf erhitzen und die Speisestärke und 50 g Zucker mit dem Schneebesen darin auflösen. Das Innere der Vanilleschote auskratzen und hineingeben. Das weiche Innere des Zitronengrases in kleine Streifen schneiden und ebenfalls hinzugeben. Unter Rühren etwas eindicken lassen, dann vom Herd nehmen und abkühlen lassen.*

Anschließend den Gin und die Beeren untermischen und die Masse auf das untere Drittel von Portionsgläsern verteilen. Eine Schicht Biskuit darüberbröckeln und dann die Englische Creme darauf verteilen. Die Sahne mit dem restlichen Zucker steif schlagen und jeweils zuoberst verteilen. Abgedeckt mindestens 4 Stunden oder über Nacht im Kühlschrank durchziehen lassen.

Vor dem Servieren mit den Schokoladenraspeln dekorieren.

Eine Vision von Qualität – Rolls-Royce

Henry Royce war ein Unternehmer mit Weitsicht. Zusammen mit einem Kompagnon hatte er in den Achtzigerjahren des 19. Jahrhunderts eine Firma gegründet, die sich mit dem Bau hochmoderner Elektroanlagen befasste. Dabei war er ein Selfmademan, denn als er neun Jahre alt war, starb sein Vater. Die Mutter hatte sich zuvor von der Familie getrennt, der kleine Henry blieb allein in der riesigen Stadt London zurück. Er schlug sich als Zeitungs- und Botenjunge durch, bis er mit vierzehn Jahren einen Ausbildungsplatz bei den Lokomotivwerken der Great Northern Railway erhielt. Von da an verfolgte er zielstrebig seinen Weg zur eigenen Firma. Schon mit 21 Jahren war er Chef.

Doch seine Gesundheit war von der vielen Arbeit in den Fabrikationshallen angeschlagen. Sein Arzt riet ihm, sich zum Ausgleich viel an der frischen Luft aufzuhalten, und weil Royce ein technikbegeisterter junger Mann war, schaffte er sich ein Quadricycle an. Das war ein vierrädriger Wagen, der optisch stark an eine Kutsche erinnerte, aber von einem Motor statt von einem Pferd angetrieben wurde. Das hochmoderne Vehikel war der letzte Schrei und kam aus Frankreich, wo progressive Unternehmen an der Zukunft der Mobilität werkelten.

Sie machten langsam Fortschritte in der technischen Entwicklung ihrer Produkte. Aus dem Quadricycle wurde ein Auto. Da wollte Henry Royce sich nicht lumpen lassen, schaffte das Quadricycle ab und ein Auto an. Das ließ er extra mit der Bahn aus Frankreich anliefern. Es war ein Zweizylinder vom Typ Decauville 10 hp. Begeistert wollte Royce eine erste Ausfahrt antreten, als das Prachtstück eingetroffen war. Doch das Ding ließ sich nicht starten!

Darüber war Henry Royce so erzürnt, dass er beschloss, selbst ein Auto zu bauen. Das sollte von perfekter Qualität sein und nicht so ein Gelumpe wie das, was die Franzosen ihm geliefert hatten. Es war im April 1904, als er seine Idee in die Tat umgesetzt hatte und der erste Prototyp seine Testfahrt antrat. Der Royce 10 hp schaffte die 25 Kilometer vom Fabrikgelände in Manchester bis zu Royces Wohnhaus auf Anhieb ohne jedes Problem.

Beflügelt vom Erfolg baute Henry Royce noch zwei weitere Autos, eines für seinen Geschäftspartner, eines für einen wichtigen Aktionär seines Unternehmens. Letzterer war sehr begeistert von seinem neuen Auto und schwärmte einem Freund davon vor. Dieser Freund war wiederum der Kompagnon von Charles Rolls, dem Sprössling eines Barons. Rolls hatte eine hervorragende Ausbildung am Eton College und in Cambridge genossen und war ein ausgesprochener Technikfreak. Schon 1903 hatte er eines der ersten Autohäuser Großbritanniens gegründet, wo er belgische und französische Luxuskarossen feilbot. Gerne hätte er seine Angebotspalette auch um ein britisches Produkt erweitert, doch genügten die ihm bisher bekannten

Fabrikate nicht seinem hohen Qualitätsanspruch. Da kam ihm die Story von dem neuartigen Automobil aus Manchester wie gerufen. Er nahm Kontakt zu Henry Royce auf, und noch im gleichen Jahr, 1904, begründeten die beiden ihr Joint Venture.

Der 10 hp ging in Serie. In den Jahren 1904 und 1905 wurden ganze siebzehn Stück zusammengebaut. Doch gleichzeitig wurde der 20 hp entwickelt, von dem bis 1906 schon stolze 37 Exemplare vom Firmengelände fuhren. Im gleichen Jahr wurde die bisher durch Handschlag vereinbarte Zusammenarbeit von Rolls und Royce mit Gründung der Rolls-Royce Ltd. mit Sitz in Manchester auch offiziell besiegelt. Stolz stellte das junge Unternehmen auf der Motor Show in London 1906 sein neustes Produkt vor: den 40/50 hp, der als erster „Silver Ghost“ in die Geschichte einging.

Es war eine wunderbare Erfolgsstory, doch für Charles Rolls nahm sie schon 1910 ein jähes Ende. Sein Abenteuergeist hatte ihn dazu gebracht, die neuen Flugmaschinen der Gebrüder Wright auszuprobieren. In einem sensationellen Non-Stop-Hin- und Rückflug hatte der Flugpionier im Juni 1910 als erster Mensch den Ärmelkanal überflogen, und das gleich zweimal. Nur einen Monat später gelang ihm ein weiterer, allerdings unerfreulicher Rekord: Er stürzte mit seinem Doppeldecker bei einem Flugwettbewerb in Bournemouth ab und wurde mit 33 Jahren zum ersten Engländer, der bei einem Flugzeugunglück ums Leben kam. Sein Partner Henry Royce ist deshalb, so heißt es, zeitlebens niemals geflogen, und das, obwohl er später auch Flugzeugmotoren entwickelte.

Royce blieb nichts anderes übrig, als die Firma alleine weiterzuführen. Einer seiner Kunden war John Walter Edward Douglas-Scott-Montagu, 2nd Baron Montagu of Beaulieu, kurz Lord Montagu. Der war ziemlich stolz auf seinen schicken Rolls-Royce, doch fehlte ihm noch das letzte Tüpfelchen auf dem i. Der feine Herr hatte eine hübsche junge Sekretärin, Eleanor Thornton, die nebenbei nicht nur seine Geliebte, sondern auch Kunstmodell war. Da heuerte der Lord kurzerhand den Bildhauer Robert Sykes an und ließ ihn ein kleines, geflügeltes Abbild von Eleanor erschaffen. Diese Statue montierte der Lord auf die Kühlerhaube seines Wagens – der „Spirit of Ecstasy" war erfunden. Andere Rolls-Royce-Besitzer waren begeistert und ließen sich ebenfalls von Sykes eine solche Figur modellieren, und schließlich wurde er von der Firma Rolls-Royce engagiert, die von nun an alle Autos mit der Kühlerfigur versehen ließ. Bis 1950 war jeder „Spirit of Ecstasy" ein handsigniertes Unikat. Erst danach ging man zur Serienproduktion über. Bei den neuen Modellen verschwindet die Figur im Fahrzeugrahmen, wenn die Fahrt beendet ist. Denn das kostbare Stück übt auf Diebe eine geradezu magische Anziehungskraft aus.

Henry Royce war von der Kühlerfigur übrigens alles andere als angetan. Er betrachtete sie nur als modischen

Nippes, der die klare Linie seines Automobils störte. Die Legende sagt, dass Sykes den Auftrag nur erhielt, weil Royce an jenem Tag gesundheitsbedingt nicht in der Firma war. Royces eigener Rolls-Royce hatte jedenfalls keine Kühlerfigur.

Bereits in den Zwanzigerjahren war Rolls-Royce zum Mythos geworden und stand als Synonym für Luxus, Reichtum und Glamour. Es war das Auto der Könige, Adeligen und Prominenten.

1933 starb Henry Royce, und vieles hat sich seitdem geändert. Es gab zahlreiche neue Modelle, vom Phantom über Silver Ghost, Wraith, Dawn, Cloud, Spirit und Shadow bis Corniche. Die Produktion wanderte von Manchester über Derby und Crewe nach Goodwood.

1971 musste die Firma Konkurs anmelden und wurde verstaatlicht. Nach der Reprivatisierung ging das Unternehmen 1997 an den VW-Konzern. Dummerweise hatten die Wolfsburger es aber versäumt, sich außer dem Kauf des Werks, des Patents am legendären Kühlerdesign und der „Spirit of Ecstasy" auch die Markenrechte einräumen zu lassen. Die schnappte ihnen BMW einfach vor der Nase weg.

So kam es, dass die Marke Bentley, die schon 1931 von Rolls-Royce übernommen worden war, wieder abgespaltet wurde und bei VW blieb, während Rolls-Royce nach zähen Verhandlungen 2003 von BMW übernommen wurde.

Doch eines hat sich in all der Zeit nicht geändert: Rolls-Royce ist noch immer das Synonym für gediegenen Luxus, Reichtum und Glamour schlechthin.

Ginger Ale

Zutaten: *1 ca. 4 cm großes Stück frischer Ingwer, 1 Zitrone, 80 g Zucker, ⅓ Tl Trockenhefe, stilles Mineralwasser oder kalkarmes Leitungswasser*

Zubereitung: *Den Ingwer schälen und sehr fein raspeln. Die Zitrone auspressen und den Saft mit dem Ingwer vermischen. Zucker und Hefe in eine Flasche mit Schraubverschluss füllen und die Ingwer-Zitronen-Mischung dazugießen. Nun die Flasche bis zur Hälfte mit stillem Mineralwasser bzw. Leitungswasser füllen, zuschrauben und kräftig schütteln. Danach bis etwa 4 cm unter den Rand mit Wasser auffüllen und wieder zuschrauben. In den Deckel ein bis zwei ganz kleine Löcher bohren.*

An einen warmen Ort stellen, zum Beispiel auf die Fensterbank in die Sonne. Die Hefe beginnt nun mit der Gärung, die dabei entstehende Kohlensäure kann durch das kleine Loch im Deckel entweichen. Dadurch wird verhindert, dass die Flasche platzt. Das Loch darf aber nicht zu groß sein, damit keine Fruchtfliegen in die Flasche gelangen können.

Man kann auch auf das Loch im Deckel verzichten, dann sollte man die Flasche allerdings gut unter Kontrolle halten und gegebenenfalls den Deckel zwischendurch kurz aufschrauben.

Nach einigen Stunden stellt man die Flasche in den Kühlschrank, um die Gärung anzuhalten. Vor dem Servieren gießt man das Ginger Ale durch ein Sieb in eine Karaffe, damit der Ingwer entfernt wird.

Bluebirds over the White Cliffs – die Kreidefelsen von Dover

„There'll Be Bluebirds Over The White Cliffs of Dover", so heißt es in einem melancholischen Lied aus dem Zweiten Weltkrieg.

Die strahlend weißen Klippen von Dover sind es, die Reisenden den letzten Gruß aus der englischen Heimat hinterhersenden, und sie sind es, die den Heimkehrenden schon aus der Ferne begrüßen. Kein Wunder, dass sie zum Symbol der Sehnsucht nach England geworden sind, und kaum jemand, der mit dem Schiff gen England reist, kann sich ihrer geheimnisvollen Magie entziehen. Wen kümmert es da schon, dass die im Lied besungenen „Bluebirds" eine Spezies sind, die es in England gar nicht gibt? Es handelt sich um Hüttensänger, Vögelchen mit leuchtend blauem Gefieder, die im Osten von Nordamerika leben. Aber was macht das schon, wo doch „blue" auch „traurig" heißt, und das so wunderschön zum Heimwehgefühl des Liedes passt?

Die Kreidefelsen von Dover haben einen großen Symbolwert für die Engländer. Sie befinden sich an der schmalsten Stelle des Ärmelkanals, dort, wo die meisten Schiffe anlanden, die vom Festland her nach Großbritannien kommen. Nur dreiunddreißig Kilometer trennen den Hafen von Dover vom europäischen Kontinent. Hier ist nicht nur der Heimathafen der Zurückkehrenden, hier ist auch die Stelle, die feindlichen Invasionen als erste ausgesetzt war. Wirkt da nicht die bis zu hundert Meter hohe weiße Front der Klippen wie ein selbstbewusstes Bollwerk, das den Feinden trutzig den Zugang verwehrt?

Deshalb verstecken sich hinter der Felsfront auch geheimnisvolle unterirdische Wehrgänge, die bereits im Mittelalter angelegt wurden. Schon seit Menschengedenken war Dover ein gut bewachter Außenposten am Eingang zu Britannien. Die Festung von Dover galt als uneinnehmbar. Denn die Steilküste ist nur an wenigen Stellen zugänglich, und der enge Hafen von Dover lässt sich ausgezeichnet schützen.

Ab dem 12. Jahrhundert wurden die Abwehranlagen durch ein mächtiges Kastell ergänzt. Im Laufe der Jahrhunderte war es immer wieder Ziel von Angriffen und Belagerungen, es wurde laufend umgebaut, erweitert und nach modernsten strategischen Erkenntnissen auf den letzten Stand gebracht. Heute ist es als Museum Besuchern zugänglich, jedoch kann es im Bedarfsfall jederzeit wieder als Verteidigungsanlage reaktiviert werden. Es ist und bleibt Britanniens größte und wichtigste Schutzburg.

Doch auch die so symbolträchtigen weißen Klippen bedürfen des Schutzes. Die Erosion raubt ihnen Jahr für Jahr einen weiteren Zentimeter, gelegentlich stürzen sogar große Brocken von der Frontlinie hinab. Das geschieht ganz unvermittelt und ohne jede Vorwarnung, weshalb man immer mindestens fünf Meter Abstand zum Klippenrand halten sollte.

Denn die Klippen sind weich, sie bestehen tatsächlich aus Kreide. Vor rund 140 Millionen Jahren befand sich hier ein tropisches Meer, das sich nach Osten hin bis zum heutigen Polen ausbreitete. Aus abgestorbenen Korallen, Schwämmen und kleinen Muscheln bildete sich im Laufe der Jahrmillionen ein dickes Sediment aus Kalk, das große Gebiete bedeckte. Die Küste von Rügen ist genau wie die von Dover eines dieser Gebiete.

Dann, während der Eiszeiten, zog sich das Meer zurück. Die Kreideschicht lag nun hoch über dem Meeresspiegel und war von mächtigen Eismassen bedeckt, die sie weiter komprimierten. Mit dem Ende der Eiszeiten stiegen die Meere allmählich wieder an. Nun begannen die Wellen, an der Kreideschicht zu nagen. Die Kreide war zwar kompakt zusammengepresst, aber dennoch weich. Deshalb schritt die Erosion hier ausgesprochen rasch voran und erschuf – aus geologischer Sicht – im Handumdrehen den Ärmelkanal.

Schaut man sich die Kreideschicht einmal aus der Nähe an, so entdeckt man überall schwarze Einschlüsse. Die gesamte Kreide ist mit Unmengen dieser schwarzen Gebilde durchzogen. Es handelt sich um Feuerstein, ein Silizit mit der gleichen chemischen Zusammensetzung wie Opal. So besteht denn auch die unter der weißen Rinde liegende Schicht der Knollen aus Opal. In den Stein ziehen sich oft Gänge aus Achat hinein, der ebenfalls zur Zusammensetzung des Feuersteins gehört.

Interessanterweise weiß man noch immer nicht genau, wie es eigentlich zur Bildung dieser auch Flint genannten Steine kommt.

Ganz offensichtlich sind sie organischen Ursprungs, denn man findet mitunter die Relikte von Kieselschwämmen und dergleichen im Feuerstein. Man vermutet, dass während der metamorphen Prozesse, die die Gesteinsbildung begleiten, austretende Kieselsäure das Material verändert. Dieser Prozess verläuft von innen nach außen, deshalb haben die Feuersteinknollen oft eine zwiebelartige Struktur.

Wie dem auch immer sei, Feuersteine sind ausgesprochen fest und brechen, wenn man eine ausreichend hohe Schlagenergie anwendet, muschelig. Dabei entstehen scharfe Kanten, und dass die ziemlich praktisch sind, wussten schon die Menschen der Steinzeit.

Denn daraus kann man Messer, Pfeilspitzen und dergleichen anfertigen. Auch zur Herstellung von Äxten und Faustkeilen war der harte Feuerstein sehr gut geeignet. Seinen Namen hat er bekommen, weil man mit seiner Hilfe Funken erzeugen kann, wenn man fest genug auf Schwefelkies schlägt. Noch ein bisschen gut brennbares Zündmaterial dazu, und schon hat man ein Feuerchen. Ausschlaggebend für die Funkenbildung ist dabei aber der Schwefelkies in Form von Markasit oder Pyrit. Den Feuerstein kann man auch durch einen anderen festen Stein ersetzen, zum Beispiel Quarz oder Quarzit.

Die Feuersteinknollen sind von einer weißen Kreideschicht umgeben, daher beeinträchtigen sie den erhabenen, schneeweißen Anblick der Felsen von Dover nicht. Besonders an sonnigen Tagen strahlen diese geradezu blendend hell und bilden einen faszinierenden Kontrast zum Graublau des Meeres und zum Azur des Himmels, von dem sie nur das leuchtende Grün des englischen Hinterlandes trennt. An Nebeltagen ist die Faszination kaum geringer, wenn sie gespenstisch zwischen den Nebelschwaden erscheinen, so wie einst die mystische Insel Avalon. Ist es verwunderlich, dass die Engländer die Felsen von Dover so sehr lieben?

Beliebt sind die Kreidefelsen auch bei den Vögeln, die hier geschützte Nistplätze finden. Das sind natürlich keine „Bluebirds“, sondern Möwen oder Eissturmvögel. Und vor der Küste patrouilliert im Meer der zweitgrößte Hai der Welt, der Riesenhai. Der kann bis zu zehn Meter lang werden, und sein mächtig aufgerissenes Maul ist wirklich furchteinflößend. Da kann man nur hoffen, dass die zahllosen Fähren, die ununterbrochen zwischen Dover und dem Festland hin- und herfahren, keinen Passagier verlieren.

Es wäre wirklich unangenehm, hier über Bord zu gehen, denn das Wasser ist meist unangenehm kalt. Eine Begegnung mit dem Riesenhai wäre dagegen nicht weiter dramatisch. Der ernährt sich nämlich nur von Plankton. Und das erklärt auch sein stets weit aufgerissenes Maul.

Seit 1843 sendete der weiße Leuchtturm South Foreland als höchster Punkt von den Klippen sein Signalfeuer über das Meer hinaus. Er war der erste Leuchtturm, der 1858 ein elektrisches Leuchtfeuer erhielt. Und eine weitere Premiere fand statt, als der italienische Physiker Guglielmo Marconi 1898 von hier aus die erste Funkverbindung der Geschichte zu einem sechzehn Kilometer entfernten Feuerschiff herstellte.

Seit 1988 ist das Leuchtfeuer erloschen, man kann den Leuchtturm aber besichtigen und die alten optischen Geräte und Maschinen bewundern. Das lässt sich wunderbar mit einem Spaziergang über die weißen Klippen verbinden. Deren Rand ist allerdings nicht abgesichert, deshalb nicht vergessen: immer fünf Meter Mindestabstand halten!

Dover Sole –
gegrillte Seezunge auf englische Art

Zutaten für 4 Personen: *4 Seezungen (enthäutet und geputzt), 800 g kleine neue Kartoffeln, 500 g Blattspinat, 2 Zweige Minze, 80 g Butter, 2 unbehandelte Zitronen, Muskatnuss, Pfeffer, Salz*

Zubereitung: *Den Spinat waschen und putzen. Die Kartoffeln gründlich unter fließendem Wasser abbürsten und anschließend in siedendem Salzwasser zusammen mit einem Minzezweig 15 Minuten lang kochen.*

Den äußeren gelben Anteil der Schale einer der beiden Zitronen abreiben, dann die Zitrone auspressen. Die andere Zitrone vierteln und beiseitestellen. 80 g Butter in einem Topf zerlassen und mit Zitronenschale und -saft vermischen. Damit die Fische von beiden Seiten gut einpinseln, salzen, pfeffern und auf Alufolie legen.

Den Grill stark erhitzen und die Fische auf der Alufolie auf den Rost legen. 6 Minuten lang grillen, dann vorsichtig wenden, noch einmal mit Zitronenbutter bestreichen und weitere 6 Minuten lang grillen. Die Gräten sollen sich am Ende leicht mit dem Messer lösen lassen.

Während der Fisch grillt, den Spinat in einem Topf mit wenig Wasser aufkochen. Mit Muskatnuss, Salz und Pfeffer würzen und 5 Minuten lang bei schwacher Hitze ziehen lassen. Zum Schluss 20 g Butter darüber schmelzen und umrühren.

Vom zweiten Minzezweig die Blätter abzupfen und grob hacken. Die Kartoffeln abgießen, in eine Schüssel geben, reichlich Pfeffer darüber mahlen und die Minze darüber streuen. Gut vermischen.

Den Fisch auf vorgewärmten Tellern anrichten und den Saft von der Grillfolie darübergeben. Mit Spinat, Kartoffeln und den Zitronenvierteln servieren.

Einmal hin, einmal her, rundherum, das ist nicht schwer – der Linksverkehr

Irgendwann bin ich zum ersten Mal alleine mit dem Auto nach England gefahren. Ich kam mitten in der Nacht in Dover an, die weißen Felsen leuchteten gespenstisch fahl im grellen Licht der Hafenbeleuchtung. Ziemlich übernächtigt lenkte ich meinen alten VW-Käfer über das Gelände der Dockanlagen hinaus auf die Straßen von Dover. Hier war es zu so später Stunde recht verlassen. Alle anderen fuhren in die gleiche Richtung wie ich, denn sie kamen ebenfalls von dem Schiff aus Ostende, mit dem ich eingetroffen war. Ansonsten war nicht viel los. Natürlich fand ich es trotzdem etwas merkwürdig, auf die linke Seite der Straße fahren zu müssen. Aber ich wusste ja Bescheid, und hätte ich es vergessen, so hätten mich die riesigen weißen Pfeile, die auf die Fahrbahn gemalt waren, schon daran erinnert. Aber als ich dann im Dunkel der Nacht alleine auf der Landstraße in Richtung Canterbury fuhr, da wurde es mir wirklich sehr mulmig, als mir plötzlich ein Auto entgegenkam. Das fuhr nämlich gefühlt auf der völlig falschen Seite!

Warum fahren die Engländer links?

Mit zunehmendem Verkehr musste man sich irgendwann einmal einigen, auf welcher Seite man aneinander vorbefuhr. Vermutlich existierte schon in römischer Zeit eine Regelung, genaues ist darüber aber nicht bekannt.

Es gibt zwar Münzen, die Reiter zeigen, welche rechts aneinander vorbeiziehen. Andererseits gibt es Hinweise darauf, dass Soldaten auf der linken Straßenseite marschierten. In einem antiken Steinbruch auf der britischen Insel weisen alte Wagenspuren auf Linksverkehr hin. Fuhr man also in Britannien schon immer links?

Nicht nur da. Im ganzen Mittelalter bis in die Neuzeit hinein herrschte in Europa Linksverkehr. Man weiß zwar nicht genau, warum das der Fall war, doch gibt es verschiedene Erklärungsansätze.

Die meisten Reiter sitzen von der linken Seite auf ihr Pferd auf, was die Tendenz verursachen mag, auch gleich links loszureiten. Schließlich ist das Pferd ja auch schon links ausgerichtet, wenn man davon ausgeht, dass der Reiter seitlich vom Fahrbahnrand aus aufgesessen ist. Für bewaffnete Ritter bot sich ein weiterer Vorteil. Da die meisten Menschen Rechtshänder sind, führten sie ihre Waffe mit der rechten Hand. Dann ist es natürlich günstiger, wenn einem auch der Gegner auf der rechten Seite entgegenkommt.

Bei Fuhrwerken hingegen, die von Ochsen oder Pferden gezogen wurden, ging meist ein Führer voran, der die Tiere am Zügel hielt. Als Rechtshänder tendierten diese Wagenlenker dazu, den Zügel rechts zu halten. Und weil man aus Sicherheitsgründen besser am Fahrbahnrand geht, bietet sich die linke Straßenseite zum Führen des Gespanns an. Saß hingegen ein Kutscher auf dem Bock, so saß er auf der rechten Seite, weil er die Bremse mit der rechten Hand bediente. Um möglichst weit vorausschauen zu können, damit man den Gegenverkehr so früh wie möglich sehen konnte, lenkte man deshalb auch das Fuhrwerk am besten auf der linken Straßenseite.

Anders war das hingegen, wenn der Fuhrmann auf einem der Zugpferde geritten ist. Dann musste er auf der linken Seite reiten, um rechts die Peitsche führen zu können, mit der er die anderen Tiere lenkte. In diesem Fall war es günstiger auf der rechten Fahrbahnseite unterwegs zu sein.

Und genau das ist der Grund, warum wir in Kontinentaleuropa Rechtsverkehr haben. Im Frankreich der Revolutionszeit gab es nämlich vornehmlich solche berittenen Gespanne. Deshalb wurde der Rechtsverkehr gesetzlich eingeführt, und als Napoleon halb Europa eroberte, weitete er dieses Gesetz auf die besetzten Gebiete kurzerhand aus. Napoleon ging, das Gesetz blieb. Nicht aber in Britannien, denn bis dahin war Napoleon nicht vorgerückt.

Aber auch in andere Regionen Europas war er nicht vorgedrungen. So herrschte der Linksverkehr in Spanien, Portugal, Luxemburg, Schweden, Finnland sowie in Teilen Dänemarks, Österreichs, Italiens, Polens, Ungarns, Rumäniens und der Tschechoslowakei vor. Doch als im Zeitalter der Motorisierung immer mehr Autos auf Europas Straßen herumkurvten, wurde es erforderlich, eine einheitliche Regelung zu finden. Nach jedem Grenzübertritt die Fahrbahnseite wechseln zu müssen, war nicht nur unpraktisch, sondern auch gefährlich. Denn die Umstellung von Rechts- auf Linksverkehr und umgekehrt sprengt das gewohnte Muster. Der antrainierte kurze Blick auf den Gegenverkehr wird sinnlos, denn der kommt ja aus der anderen Richtung als erwartet. Das erfordert stetig erhöhte Aufmerksamkeit. Außerdem beeinträchtigt es die Sicherheit, wenn der Fahrer im Linksverkehr links sitzt und umgekehrt, denn er kann nicht so weit in Fahrtrichtung vorausschauen. Ein Problem, das bekanntlich schon die Kutscher der Vergangenheit kannten. Ganz zu schweigen davon, dass auch die Abblendlichter auf die falsche Seite ausgerichtet sind und den Gegenverkehr blenden.

Man musste sich also irgendwie einigen. Deshalb setzte sich in Kontinentaleuropa in der ersten Hälfte des vergangenen Jahrhunderts der Rechtsverkehr nach und nach durch. Nur Schweden war Nachzügler, hier fand die Umstellung erst 1967 statt.

Aber in Großbritannien hat es keine Umstellung gegeben. Schließlich musste ja jeder Autofahrer vom Kontinent her mit dem Schiff übersetzen und sich dann ohnehin auf eine neue Fahrsituation einstellen. Außerdem hatte es in Britannien nie eine Tendenz zum Rechtsfahren gegeben. Die englischen Kutscher haben traditionell immer auf dem Bock gesessen, nicht auf dem Pferd. Warum sollte man sich also umstellen?

Stattdessen importierte man den Linksverkehr in die Kolonien, sodass er sich rund um den Globus verbreitet hat. In neunundfünfzig Ländern mit etwa 2,5 Milliarden Einwohnern fährt man links.

Schon früh setzte man in England auf den Kreisverkehr, um den Verkehrsfluss nicht zu unterbrechen und Staus zu verhindern. Selbst auf kleinste Minikreuzungen wird oft ein weißer Punkt gepinselt, und schon hat man ein „Roundabout". Doch die meisten davon sind sehr groß, oft sogar mehrspurig. Als noch nicht so viele Autos unterwegs waren, mag das sehr angenehm gewesen sein. Beim heutigen Massenverkehr ergibt das aber oft ein völlig unübersichtliches Gewusel. Umso schlimmer, wenn man aus dem Rechtsverkehr kommt und dabei auch noch umdenken muss. Wichtig ist, dass die äußerste Fahrbahn immer nur für diejenigen gedacht ist, die gleich bei der nächsten Ausfahrt ausfahren wollen. Das muss man unbedingt beachten, um Kollisionen zu vermeiden.

Und als wenn das nicht schon schwierig genug wäre, gibt es auch noch hintereinander angelegte Doppelkreisverkehre. Das Sahnehäubchen aber ist der „Magic Roundabout" bei Swindon. Hier rahmen den mittleren Hauptkreisverkehr ganze fünf sternförmig um ihn verteilte Mini-Roundabouts. Ein Albtraum! Obwohl man es sich kaum vorstellen kann, hat dieses Bauwerk aber tatsächlich dazu beigetragen, die Stausituation an dem Verkehrsknotenpunkt erheblich zu verbessern. Und das, obwohl das

Verkehrslabyrinth für das noch viel geringere Verkehrsaufkommen der Siebzigerjahre konzipiert worden war.

Das Auto, das mir damals in der Nacht auf dem Weg nach Canterbury entgegenkam, fuhr ganz gelassen rechts an meinem Käfer vorbei. Mein Puls beruhigte sich und ich kam wohlbehalten in Canterbury an. Sich auf den Linksverkehr umzustellen ist nämlich gar nicht so schwer.

Chicken, Potatoes and Bacon – Hähnchen, Kartoffeln und Speck

Zutaten für 4 Personen: *4 Hähnchenbrüste mit Haut, 100 g Speck in dünnen Scheiben, 800 g mehlig kochende Kartoffeln, 1 El Tomatenmark, 200 ml Geflügelfond, 100 ml Madeirawein, 2 EL Brown Sauce (HP), Speiseöl, Salz, Pfeffer*

Zubereitung: *Die Hähnchenbrüste waschen, trocken tupfen, salzen und pfeffern. Den Speck in ca. 1 cm breite Streifen schneiden. Die Kartoffeln gründlich waschen und dabei bürsten, anschließend vierteln. In einer unbeschichteten Pfanne Öl stark erhitzen und die Kartoffeln hineingeben. Salzen und pfeffern und unter gelegentlichem Wenden 30 Minuten lang braten.*

Währenddessen in einer zweiten Pfanne Öl erhitzen und die Hähnchenbrüste von beiden Seiten bei starker Hitze anbräunen. Aus der Pfanne nehmen und nun den Speck knusprig braten. Zum Schluss das Tomatenmark dazurühren und dann mit Fond und Madeirawein ablöschen. 5 Minuten bei starker Hitze einreduzieren, dann die Brown Sauce einrühren, salzen, pfeffern und die Hähnchen hineinlegen. Abgedeckt bei reduzierter Hitze 10 Minuten lang garen und mit den Kartoffeln servieren.

Say cheeeeese – Käse aus England

Irgendwann einmal kamen nomadisierende Hirten mit ihren Herden nach Britannien. Das mag vielleicht an die 5.500 Jahre zurückliegen, so genau weiß man es nicht. Aus der Milch ihrer Tiere machten diese Hirten einen weichen, weißen Käse, und die Ureinwohner Britanniens lernten die Kunst des Käsemachens von den Neuankömmlingen. Ein paar erhaltene Terrakottasiebe erzählen von dieser Zeit.

Ein paar tausend Jahre später kamen die Römer und besetzten Britannien. Die Legionäre brachten in ihrem Marschgepäck würzigen Hartkäse mit. Der war nämlich nicht nur nahrhaft und wohlschmeckend, er war auch lange haltbar. Die Einwohner Britanniens waren beeindruckt, diese Art von Käse hatten sie bisher nicht gekannt. Zwar duldeten sie die römischen Invasoren nicht dauerhaft auf ihrer Insel, aber die Kunst des Käsemachens übernahmen sie gerne von den Südländern. So entstand der erste englische Hartkäse, eine Art Ur-Cheddar.

Cheddar ist der bekannteste Vertreter der englischen Käse. Es gibt ihn in verschiedenen Reifegraden, milde, junge Sorten reifen zwei bis drei Monate, würzige alte bis zu zwei Jahre. Charakteristisch ist die intensiv gelbe bis kräftig orange Farbe, die der Cheddar durch Beimischung des pflanzlichen Farbstoffs Annatto erhält. Den macht man aus den Samen des Orleansstrauches, einer Pflanze, die in der Karibik und in den tropischen Gegenden Südamerikas wächst. Schon die Maya nutzten Annatto zum Färben, und auch als Würzmittel fand er Anwendung, denn er bewirkt einen schweren, erdigen Geschmack. Noch heute findet man ihn in der mexikanischen Küche. Die Maya nutzten ihn aber auch als Aphrodisiakum, als Sonnen- und Insektenschutzmittel, zur Verdauungsförderung oder als Körperfarbe bei religiösen Riten.

Kein Wunder, dass die englischen Kolonialisten von dem Zeug angetan waren und es mit in die Heimat brachten. Heute weiß man, dass Annatto Vitamin E liefert, und zwar in einer ungewöhnlichen Zusammensetzung. Dafür interessiert sich die Krebsforschung, weil dessen Wirkung in der Hemmung des unkontrollierten Wachstums von Blutgefäßen liegt.

Lange Rede, kurzer Sinn: Man braucht vor leuchtend orangem Cheddar nicht zurückzuschrecken, weil man den Einsatz chemischer Farbstoffe befürchtet. Er ist vermutlich sogar ausgesprochen gesund. Und weil er auch gut schmeckt, hat sich der Cheddar als beliebteste englische Käsesorte durchgesetzt. Die Hälfte allen Käses, der in England gekauft wird, ist Cheddar.

Der Name Cheddar kommt vermutlich aus dem Keltischen und bedeutet „Molke“. Die Heimat des Käses ist die Umgebung des Dorfes Cheddar in der südwestenglischen Grafschaft Somerset. Hier wird vermutlich schon seit Jahrtausenden Käse hergestellt, die Geschichte davon erzählt das Käsemuseum des kleinen Ortes. Der

Name Cheddar ist allerdings erst seit dem 17. Jahrhundert dokumentiert.

Aus Cheddar macht man auch einige Varianten, zum Beispiel den Sage Derby, der mit reichlich gemahlenem Salbei versetzt wird. Dadurch bekommt er nicht nur ein kräftiges Aroma, sondern auch eine sattgrüne Maserung. Zur Aromatisierung von Cheddar nutzt man aber zum Beispiel auch Bier, Whisky, Chili oder sogar das unvermeidliche Marmite. Die älteste Cheddarsorte heißt Farmhouse, und „Five Counties" ist eine Käsespezialität, der neben normalem Cheddar noch vier andere Käsesorten zugesetzt und dann zu neuen Laiben zusammengefügt werden: der mit Salbei aromatisierte Sage Derby, außerdem der weiße Chester, der intensiv gelbe Leicester und der goldgelbe Double Gloucester. Diese drei sind neben dem Cheddar die meistverbreiteten englischen Käsesorten, alle sind würzige Hartkäse aus Kuhmilch.

Der Chester (englisch „Cheshire") kommt aus Nordengland und hat eine uralte Tradition. Die Ortschaft Chester, die namensgebend für den Käse ist, war schon in römischer Zeit ein wichtiger Umschlagplatz für Käse. Deshalb ist auch der Chester der älteste namentlich bekannte Käse Großbritanniens. Seine Blütezeit erlebte er im 18. und 19. Jahrhundert, als er nicht nur der wichtigste Käse Großbritanniens war, sondern auch in Deutschland hoch geschätzt wurde. Seine Besonderheit ist die Milch der Kühe, die auf den Salzwiesen der Ebene von Cheshire geweidet haben. Diese Landschaft wurde von eiszeitlichen Gletschern geformt und weist reiche Salzdepots gleich unter der Oberfläche auf. Die Salzkristalle, welche die Kühe beim Weiden aufnehmen, sind maßgelblich an der besonderen Würze des Chesterkäses beteiligt.

Doch der König der Käse ist für die Engländer ein anderer: der Blauschimmelkäse Blue Stilton. Kürzlich besuchte ich die Stadt Peterborough in der Grafschaft Cambridgeshire im Osten von England. Ich war einigermaßen verblüfft, als mir ein Blick auf die Karte verriet, dass mein Hotel am Stadtrand nur wenige Meilen von dem Dorf Stilton entfernt war. Da befand sich die Heimat des Königs der Käse doch nur einen Steinwurf entfernt!

Ich wurde allerdings eines Besseren belehrt. Das Dorf Stilton ist nämlich gar nicht die Heimat des gleichnamigen Käses. Vielmehr ist es der Ort, von dem aus cleveres Marketing den Siegeszug des Blue Stilton überhaupt erst möglich machte.

Der Käse kommt eigentlich aus der Umgebung von Melton Mowbray, einer Stadt in Leicestershire. Doch dieser Ort ist weniger für die Herstellung von Käse bekannt, als vielmehr für die große Tierfutterfabrik, in der das Katzenfutter Whiskas zusammengemischt wird.

Aber eines Tages im 18. Jahrhundert kam Cooper Thornhill, ein Gastwirt aus Stilton, zufällig in die Gegend von Melton Mowbray und kehrte zur Vesper in einem Bauernhof ein. Sein Heimatdorf Stilton lag damals an der wichtigen Durchgangsstraße, die London mit Nordengland verband. Für die Reisenden betrieb er dort ein gutgehendes Wirtshaus, das „Bell Inn".

Die Bauersleute servierten ihm nun ihre Spezialität, einen würzigen Blauschimmelkäse, und von diesem war Thornhill so begeistert, dass er mit der Bäuerin einen Vertrag über die Vermarktung ihres Käses abschloss. Er benannte den Käse nach seinem Heimatort und verkaufte ihn in seiner Kneipe in Stilton. Die vielfrequentierte Straße sorgte dafür, dass der Käse schnell bei den durchreisenden Gästen bekannt wurde, und der schlaue Wirt nutzte die Verkehrsader, um den Käse quer durchs Land zu vertreiben. Schon bald wurden von Stilton aus ganze Wagenladungen von Blauschimmelkäse verschickt.

Heute gibt es sechs Molkereien, die Blue Stilton herstellen. Und auch das Bell Inn, die Kneipe von Cooper Thornhill, existiert noch immer.

Ein Verwandter des Blue Stilton ist der Wendleydale, den es weiß oder mit blauem Edelschimmel gibt. Er ist der Lieblingskäse von Wallace aus den Animationsfilmen mit den aus Plastilin modellierten Figuren Wallace & Gormit. Als Wallace aber in einem der Filme einmal beinahe dahingeschieden wäre, da reichte der Wendleydale nicht aus, um ihn wieder zum Leben zu erwecken. Da mussten schon härtere Maßnahmen ergriffen werden, deshalb nahm man den Stinking Bishop zu Hilfe. Der macht nämlich seinem Namen alle Ehre.

Zwar stinkt dieser Käse, aber mit Bischöfen hat er nichts zu tun. So heißt vielmehr die Birnensorte, mit deren Most die Rinde des Käses behandelt wird. Der Teig des Käses ist so weich, dass er fast zerläuft, er schmeckt kräftig, aber gar nicht so streng, wie man vermuten möchte. Allerdings ist er keine alte Sorte, er wurde erst in den Siebzigerjahren des letzten Jahrhunderts kreiert, um auf das vom Aussterben bedrohte Gloucester-Rind aufmerksam zu machen. Damals gab es nur noch eine einzige Herde dieser alten Rinderrasse, doch dank des Stinking Bishop, der ausschließlich aus deren Milch hergestellt wird, grasen nun wieder viele der Tiere auf den Weiden von Gloucestershire im Südwesten Englands.

All diese englischen Käse werden aus Kuhmilch gemacht, obwohl doch in den vergangenen Jahrhunderten so viele Schafe in England gehalten wurden. Es gibt den Wigmore aus der Grafschaft Berkshire und den Spenwood aus Spencers Wood, beide Gegenden liegen in der Mitte von Südengland. Doch Schafskäse hat sich auf der Insel nie richtig durchsetzen können.

Makkaroni and Blue Cheese

Zutaten für vier Personen: *400 g Makkaroni, 500 ml Milch, 80 g Butter, 50 g Mehl, 250 g Blue Stilton, Pfeffer, Salz, Butter zum Einfetten der Auflaufform*

Zubereitung: *Die Makkaroni in siedendem Salzwasser bissfest kochen. Danach abgießen und beiseitestellen.*

Die Butter in einem Topf zerlassen, dann das Mehl einrühren und anschwitzen lassen. Die Milch dazugießen und unter Rühren mit dem Schneebesen aufkochen lassen. Mit Salz und Pfeffer würzen, dann 200 g des Käses hineinbröckeln. Etwa 5 Minuten lang unter ständigem Rühren bei milder Hitze köcheln lassen. Anschließend die Sauce über die Makkaroni gießen und gut untermischen.

Eine Auflaufform mit Butter einfetten und die Makkaroni mit der Sauce hineingeben. Den restlichen Käse darüberbröckeln.

Den Backofen auf 180°C vorheizen. Die Auflaufform hineingeben und etwa 45 Minuten lang backen, bis die obere Schicht zu bräunen beginnt. Herausnehmen, noch etwas Pfeffer darüber mahlen und servieren.

Denker und Rindviecher – Cambridge

Nachdem ich mir das Käsedorf Stilton und das Bell Inn angesehen hatte, fuhr ich von Peterborough weiter ins knapp fünfzig Kilometer entfernte Cambridge. Dort fand gerade eine wohltätige Laufveranstaltung statt, und der Ort quoll über vor lärmenden Läuferinnen in Pink, deren Familienmitgliedern und Freunden sowie Touristen aus aller Welt. Von der gediegenen Denkerelite Englands war nichts zu spüren, es ging zu wie auf dem Jahrmarkt.

Die Bedeutung von Cambridge hat eine lange Geschichte. Die Stadt liegt nämlich an einem Fluss, dem Cam. Der hieß zwar früher Granta, aber da hieß auch Cambridge noch Grantebrycge. Irgendwann wurde Cambridge umbenannt, und damit die beiden auch weiterhin zusammen passten, änderte man auch den Namen des Flusses.

Über den Cam muss hinüber, wer von Südostengland aus weiter nach Norden reisen möchte. Und zwar schon seit römischer Zeit, denn hier verlief eine wichtige Militärstraße. Die Siedlung am Cam, die es schon seit der Bronzezeit gegeben hatte, wurde ein militärischer Posten. Im Zuge dessen entwickelten sich prosperierende Handelsbeziehungen zu anderen Teilen des Landes. Diese blieben der Bedeutung des Ortes dienlich, auch als die Römer und ihre Legionen das Land längst wieder verlassen hatten. Im Laufe der Jahrhunderte sah die Stadt andere Besatzer kommen und gehen, darunter Sachsen, Wikinger und Normannen.

Und schon im 13. Jahrhundert wurde in Cambridge eine Universität gegründet. Denn in der Universität von Oxford, Englands ältester Universität, hatte es Unruhen gegeben, weshalb ein paar Studenten die Stadt verließen und sich in der 160 Kilometer entfernten kleinen Ortschaft am Ufer des Cam niederließen.

Heute besteht die Universität von Cambridge aus einunddreißig Colleges, die föderativ unter dem Dach der Universität verbunden sind. Sie sind ansonsten völlig unabhängig voneinander. Die einzelnen Colleges entscheiden über die Aufnahme von Studenten, und wer nicht von einem College aufgenommen wurde, kann auch nicht Student der Universität werden. Die Universität ist aber für Vorlesungen und Forschung zuständig, während die Colleges lediglich Unterkunft, Verpflegung und Supervision ihrer Studenten übernehmen. Die Dozenten, die im Auftrag der Universität lehren und Verantwortung für die Studenten an den Colleges übernehmen, heißen Fellows.

Die Welt der Colleges von Cambridge ist ein Mikrokosmos, der für Außenstehende nur schwer zu verstehen ist. Traditionen und überlieferte Rituale beherrschen das Gemeinwesen. Wer sie missachtet, wird schneller zum Außenseiter, als er es sich vorzustellen vermag. Dabei spielt es überhaupt keine Rolle, dass die mit großer Ernsthaftigkeit zelebrierten Riten oft erst im 19. Jahrhundert entstanden und damit gar nicht so uralt sind, wie es der Anschein glauben lässt. Für den Neuling an der Universität von Cambridge lauern überall Fallstricke, sei es, dass er unwissentlich ein solches Ritual missachtet, sei es, dass er in eine intellektuelle Falle tappt. Denn oft verstehen nur Insider, ob eine Debatte satirisch oder ernst gemeint ist, oder ob in einer leichtfüßig dahingeworfenen Phrase nicht eine subtile Botschaft versteckt ist. Wer in Cambridge studiert, und natürlich erst recht, wer hier forscht und lehrt, gehört einem hoch elitären intellektuellen Zirkel an, und gerne bleibt man unter seinesgleichen.

Bis in die Sechzigerjahre des letzten Jahrhunderts hinein konnte in Cambridge als Student nur Aufnahme finden, wer Griechisch und Latein beherrschte. Diese Sprachen wurden aber nur an Privatschulen gelehrt, womit man allen Absolventen staatlicher Schulen ganz einfach einen Riegel vorschob. So war sichergestellt, dass die vornehme Universität von Cambridge der Oberschicht vorbehalten blieb. Doch inzwischen hat sich das geändert. Für die Aufnahme in Cambridge reichen heute brillante Noten in allen Fächern und Überzeugungskraft beim Bewerbungsgespräch mit dem College Fellow.

Das älteste existierende College von Cambridge ist das 1284 gegründete Peterhouse. Die imposantesten Gebäude hat das King's College, das 1441 gegründet wurde. Seine im gotischen Stil erbaute „King's College Chapel" beherbergt das weltgrößte Fächergewölbe und ein Gemälde von Peter Paul Rubens. Das jüngste College ist das Robinson, das erst seit 1979 Studierende aufnimmt. Und mit 1.000 Studenten und 160 Lehrpersonen ist das Trinity College von 1546 das größte und wohlhabendste unter den Colleges von Cambridge. Seit 1869 dürfen auch Frauen in Cambridge studieren.

Die einzelnen Colleges unterscheiden sich also in ihrer Größe, ihrem Alter und der Zahl der Studenten, die sie aufnehmen. Zum Teil unterschieden sie sich auch in den angebotenen Fächern, insgesamt sind sie aber fächerübergreifend. Sie sind eine Art Mischung aus Klosterschule und Jugendherberge und bilden das Zentrum des Alltagslebens ihrer Studenten. Diese wohnen im College, die Kantine versorgt sie mit allen Mahlzeiten. Außerdem gibt es Bibliothek, Kapelle, College-Bar und Aufenthaltsraum sowie ein breit gefächertes Angebot an sportlichen Aktivitäten von Cricket bis Rudern. Zum „Formal Hall Dinner“ treffen sich die Studenten bei Kerzenschein an langen Tischen im altehrwürdigen Speisesaal und tragen dazu ihr „gown“, die schwarze akademische Robe. Wenn dann der Gong schlägt, erheben sich die Studenten, und die Fellows marschieren zu ihrem Tisch. Bei diesem Ritual denkt man unwillkürlich an eine Harry-Potter-Verfilmung.

Größter Konkurrent von Cambridges Eliteuniversität war immer Oxford, die andere intellektuelle Kaderschmiede Englands. Die Rivalität der beiden Traditionsuniversitäten findet ihren Ausdruck im alljährlichen Boat Race, das auf der Themse im Osten Londons ausgetragen wird. Die Strecke ist genau 6.779 Meter lang, und der Wettkampf wird mit heiligem Ernst durchgeführt. Denn es ist eine Frage der Ehre! Beide Universitäten schicken seit 1856 jährlich mit einem Achter ihre besten Ruderer ins Rennen. Damit haben sie eine Idee aufgegriffen, die zwei Studenten bereits 1829 erstmals in die Tat umgesetzt hatten. Die Siege zwischen den beiden großen Konkurrenten sind recht ausgewogen verteilt, nur einmal gab es ein Unentschieden. Das lag aber nicht daran, dass beide Mannschaften gleich gut ruderten, sondern vielmehr am Schiedsrichter, der betrunken unter einem Baum den Zieleinlauf verschlief. Diese Schande ereignete sich 1877 und wird sich dank zahlreicher Schaulustiger und landesweiter Fernsehübertragung wohl nicht mehr wiederholen.

Klar geschlagen hat Cambridge seine Konkurrenzuniversität in der Zahl der Nobelpreisträger. Die ist sogar ungefähr doppelt so hoch wie die der Universität Oxford. Tatsächlich hat Cambridge mehr Nobelpreisträger hervorgebracht, als irgendeine andere Universität der Welt. Unter den Forschern und Denkern, die mit der Universität Cambridge verbunden sind, finden sich Bertrand Russell, Stephen Hawking, Charles Darwin, Jane Goodall und Isaac Newton, aber auch der Komiker Sacha Baron Cohen und Prinz Charles können einen Abschluss der Universität Cambridge vorweisen.

Wer so viel denkt, braucht ausgleichende Entspannung. Die findet man in Cambridge auf dem Cam, wo von Flößern „Punts" genannte flache Boote mit Stangen zu gemütlichen Spazierfahrten entlanggestoßen werden. Die ausgedehnten Backs der Colleges an den Ufern des Cam bilden einen großen Grüngürtel, wo sich Parkanlagen mit Obstbaumwiesen und Weiden abwechseln, auf denen mitten in Cambridge in aller Seelenruhe Rinder grasen. Dieser Teil heißt „Coe Fen" und zaubert eine ländliche Idylle mitten in die Stadt hinein. Da relaxen die Studenten beim romantischen Picknick oder bei einer privaten Sommerparty mit Streichquartett. Doch ein wahrer Denker kann auch dann nicht aus seiner Haut.

Die weißen Parkrinder, die hier grasen, dienen allein der Zierde. Sie entstanden einst durch Inzucht in einem Park in Northumberland, hoch im Norden von England an der Grenze zu Schottland. Durch Mutationen wurden die Tiere zu Albinos. Eines Tages erweckten sie das Interesse von Charles Darwin. Der hat sie im Zuge seiner Forschungen zur Evolutionstheorie einer Studie unterzogen.

So sind auch die Rindviecher ein bisschen an der Denkfabrik von Cambridge beteiligt. Zumindest, wenn Läuferinnen und Touristen nach Hause zurückgekehrt sind und wieder akademische Ruhe über Cambridge liegt, angefüllt allein von den tiefgründigen Gedanken der Studenten und ihrer Fellows.

Cambridge sauce

Zutaten: *6 Eier, 4 Sardellenfilets, 4 El Kapern, 1 El Senf, 2 El Essig, 6 El Speiseöl, 1 Tl gehackter Dill, 1 Tl gehackter Estragon, 1 Tl Schnittlauch in kleinen Röllchen, 1 El fein gehackte Petersilie, Cayennepfeffer, Salz*

Zubereitung: *Die Eier hart kochen und abkühlen lassen. Dann die Eigelb herausnehmen und zusammen mit den Sardellenfilets und den Kapern pürieren. Danach die Masse mit Senf, Essig und Öl verrühren, 1 Prise Cayennepfeffer, Dill, Schnittlauch und Estragon unterrühren und nochmals pürieren. Anschließend mit einer Gabel glatt schlagen und zum Schluss die Petersilie unterrühren.*

Oxford sauce

Zutaten: *100 ml Rotwein, 100 ml Portwein, 100 g Johannisbeergelee, 80 g Preiselbeerkompott, 1 Schalotte, 1 El Senf, 20 g Zucker, 20 g Ingwer, 1 El Speisestärke, je 1 unbehandelte Zitrone und Orange, 1 Prise Salz*

Zubereitung: *Die Schalotte fein hacken. Von der Zitrone und der Orange die äußere Schale abreiben, es wird je ein Tl davon gebraucht. Danach beide Früchte auspressen. Den Ingwer schälen und raspeln. Den Zucker in einem Topf erhitzen und karamellisieren, mit Portwein und Rotwein ablöschen. Die Speisestärke mit dem Schneebesen einrühren, dann den Orangensaft, 4 El des Zitronensafts und die Schalotte dazugeben, aufkochen und um die Hälfte einreduzieren lassen. Nun Johannisbeergelee und Preiselbeerkompott einrühren und erneut aufkochen. Zum Schluss Senf, Salz, Ingwer und den Schalenabrieb unterrühren und vor dem Servieren abkühlen lassen.*

Beide Saucen passen zu Käse, kalten Fleischgerichten oder Roastbeef.

Das Rätsel vom Salisbury Plain – Stonehenge

Auf einer großen Wiese im Südwesten von England haben sich junge Menschen versammelt. Sie tragen gebatikte Hemden, manche haben nackte Oberkörper. Die Frauen tragen dazu langes, offenes Haar und folkloristische Röcke. Es sind auch Kinder dabei, alle wiegen sich zu der psychedelischen Space Rock Musik, die die Band vorne auf der Bühne spielt. Mitten in der farbenfrohen Menge ragen mächtige Steine in die Höhe, obwohl sie zwischen den vielen Menschen fast verschwinden. Es sind wirklich viele Menschen. An die Siebzigtausend sind gekommen, um bei Live-Musik und verschiedenen druidischen Kulthandlungen die Sommersonnenwende zu feiern. Es ist das Jahr 1984. In Stonehenge findet auch in diesem Jahr das alljährliche Free Festival statt.

Doch ist es die letzte Veranstaltung dieser Art gewesen. Denn ein Jahr später kam es im Vorfeld des Festivals zu Ausschreitungen zwischen Festivalbesuchern und der Polizei, sodass die Behörden das Festival kurzfristig verboten und das Gelände von Stonehenge abriegeln ließen. Das war es erst einmal für die Anhänger druidischer und neuheidnischer Kulte, die seit Ende des 18. Jahrhunderts die Magie von Stonehenge für sich entdeckt hatten.

Denn in jener Zeit war alles vergessen, was die Menschen je über Stonehenge gewusst hatten, und die neu entstandene Vergangenheitsforschung steckte noch in den

Kinderschuhen. Die mysteriösen Druiden waren damals gerade hochmodern. Ihre Anhänger begannen nach Stonehenge zu pilgern, das sich zum Zentrum neuzeitlicher Druidenkulte entwickelte.

Fälschlicherweise schrieb man die Erschaffung von Stonehenge nämlich den keltischen Druiden zu. Wissenschaftliche Methoden zur Datierung der Steinformation gab es noch nicht.

In Wirklichkeit war es jedoch ganz anders gewesen. Denn Stonehenge war einst auf einem mystischen Berg in Irland von Giganten errichtet worden, die die riesigen Megalithe aus Afrika herbeigeschafft hatten. Erst der Zauberer Merlin versetzte die Steine in die Ebene von Salisbury, den „Salisbury Plain". Der mächtige Großkönig Uther Pendragon, Vater des legendären Artus, wurde sodann in der Mitte des Steinkreises bestattet.

Das finden Sie unglaubwürdig? Sie haben recht. Diese Deutung der Entstehung von Stonehenge stammt von Geoffrey of Monmouth, einem walisischen Geistlichen und Gelehrten aus dem 12. Jahrhundert. Sie ist so wenig wissenschaftlich wie die These Erich von Dänikens, der behauptet, der Steinkreis sei von Außerirdischen erbaut worden.

Stonehenge wurde in der Jungsteinzeit erschaffen. Es besteht aus einer Grabenanlage und mehreren konzentrischen Steinkreisen. Die gesamte Anlage hat einen Durchmesser von 115 Metern, auch wenn man auf den Fotos meist nur den inneren Kreis mit seinen berühmten Megalithen sieht, der dreißig Meter durchmisst.

Der Bau von Stonehenge begann womöglich schon vor elftausend Jahren, der innere Megalithkreis ist etwa fünftausend Jahre alt. Mit modernen Methoden lässt sich zumindest das Alter der Anlage recht genau bestimmen.

Der Altarstein besteht aus grünem Sandstein, alle anderen Megalithe sind Blausteine aus dem Südwesten von Wales, einer Gegend, die 240 Kilometer von Stonehenge entfernt ist. Um so einen riesigen Brocken zu transportieren, mussten nach Schätzungen von Wissenschaftlern zweihundertfünfzig Männer antreten, bei Steigungen sogar tausend. Ein unvorstellbarer Aufwand!

Man wollte es genau wissen und transportierte 2001 einen Stein entlang des vermuteten Weges. Freiwillige zerrten ihn auf einem Schlitten über Land und wollten ihn dann auf dem Nachbau eines steinzeitlichen Bootes über den Bristolkanal bringen. Doch das Boot versank mitsamt dem Stein. Entweder hatten die Vorfahren eine bessere Technik gehabt, oder die Steine wurden von eiszeitlichen Gletschern herbeigeschafft, wie manche Forscher vermuten. Einen geologischen Nachweis dafür sind sie allerdings schuldig geblieben.

Vor Ort wurden die Megalithe sehr präzise bearbeitet. In Anbetracht der zur Verfügung stehenden Werkzeuge geht man von etwa zwanzig Millionen erforderlichen Arbeitsstunden dafür aus. Ganz zu schweigen von der gewaltigen Anstrengung, die Steine im Kreis exakt auszurichten und Deckensteine nach oben zu wuchten.

Warum haben die Menschen der Vorzeit sich so etwas angetan?

Tatsache ist, dass man es einfach nicht weiß. Die Motivation der Menschen muss außergewöhnlich gewesen sein, was eine religiöse oder kultische Bedeutung der Anlage nahe legt. Anfang des 20. Jahrhunderts kam dann erstmals ein Astronom auf die Idee, der Steinkreis könne eine Art Kalender gewesen sein. Auffällig scheint die Ausrichtung der Anlage auf den Punkt der Sommersonnenwende. In den Sechzigerjahren ging ein weiterer Astronom in seiner Begeisterung über das Bauwerk so weit, eine Art von steinzeitlichem Computer darin erkennen zu wollen. Mithilfe der Steine hätten die Genies der Vorzeit sogar Mondfinsternisse vorhersehen können, so meinte er. Seine Theorie fand begeisterte Anhänger, wurde aber von anderen Forschern widerlegt.

Um Stonehenge herum befinden sich zahlreiche auffällige Grabhügel, außerdem gibt es in der Nähe eine weitere große Steinkreisanlage, die von Avebury. Und dann ist da noch der 37 Meter hohe künstliche Hügel von Silbury. Der hat einen Durchmesser von 167 Metern, ist von ganz ebenmäßiger Form und auch immerhin schon fünftausend Jahre alt. Man hat ihn gründlich untersucht und kam zu dem Schluss, dass er weder Schatzkammer noch Grabstätte, weder Festung noch Wohnstatt gewesen ist. Um ihn aufzuschütten, mussten siebenhundert Menschen zehn Jahre lang ununterbrochen arbeiten. Aber warum sie das taten, weiß man nicht.

Doch hier, in der südenglischen Ebene von Salisbury, scheint das bedeutende Zentrum einer geheimnisvollen Kultur gewesen zu sein. Und gerade im Geheimnisvollen liegt der Reiz dieser Zeugen der Vergangenheit. Deshalb ziehen sie Jahr für Jahr immer mehr Besucher an.

Stonehenge liegt zwischen zwei vielbefahrenen Landstraßen, was dem mystischen Gesamtbild nicht gerade zuträglich ist. Nachdem Parkplatz und Besucherbuden gleich neben der Steinkreisanlage jahrelang ein zusätzlicher Stein des Anstoßes waren, hat man das Gelände seit 2013 umfassend umgestaltet. Die direkt an Stonehenge vorbeiführende Straße ist nun gesperrt. Besucherzentrum und Parkplatz wurden zwei Kilometer von der Anlage entfernt neu erbaut. Hier kann man sich nun umfassend über Stonehenge informieren und anschließend zu Fuß oder mit dem Shuttlebus zum Steinkreis gelangen. Besinnliche Einkehr wird hier allerdings auch jetzt schwerlich aufkommen. Denn stets wälzt sich der Strom der zahllosen Besucher unablässig auf dem vorgegebenen Rundweg an den Steinen vorbei.

Die neopaganistischen Druidenanhänger protestierten nach der Schließung des Geländes für ihre religiösen Zeremonien im Jahr 1985 scharf und pochten auf ihr Recht auf freie Religionsausübung. Mit Erfolg. Seit 1998 ließ man wieder kleine Gruppen von Neuheiden in den Steinkreis, und 2014 kamen schon 36.000, um hier in der Nacht vor der Sommersonnenwende den Anbruch des längsten Tages zu feiern. Denn wenn man auch nicht weiß, warum Stonehenge errichtet wurde, eine faszinierende mystische Aura hat es alle Mal.

Mince pie

Zutaten: *190 g kalte Butter, 250 g Mehl, 1 Eigelb, 75 g weiche getrocknete Aprikosen, 75 g getrocknete Datteln, 2 Äpfel, 50 g Rosinen, 50 g grob gehackte Mandeln, 1 Tl gemahlener Piment, ½ Tl gemahlene Nelken, 1 Tl gemahlener Zimt, 1 unbehandelte Orange, 2 El Zucker, 1 Tl Salz, 5 Tl Brandy, etwas Mehl und Butter*

Zubereitung: *Die Butter würfeln, mit dem Mehl verkneten und Salz, Zucker, Eigelb sowie 2-3 El kaltes Wasser zugeben. Zu einem glatten Teig verarbeiten, in Folie wickeln und 1 Stunde lang kalt stellen. Äpfel schälen, entkernen und zusammen mit Datteln und Aprikosen klein würfeln. 2 Tl von der äußeren Orangenschale abreiben, dann die Orange auspressen. Den Saft in einem Topf erhitzen und Schalenabrieb, Äpfel, Datteln, Aprikosen, Rosinen, Mandeln und Gewürze hinzugeben. Aufkochen und dann 10 Minuten lang bei geringer Hitze ziehen lassen. Danach den Brandy unterrühren und abkühlen lassen. Den Teig auf einer eingemehlten Arbeitsplatte 3 cm dick ausrollen, aus ¾ davon Kreise von ca. 7 cm Durchmesser ausstechen und in eingebutterte Muffinformen drücken. Die Fruchtfüllung darin verteilen, dann den restlichen Teig erneut ausrollen, Kreise für die Deckel ausstechen, in der Mitte einstechen und jeweils auf die Pies aufsetzen. Bei 180°C im vorgeheizten Backofen etwa 35 Minuten lang backen.*

Pisa ist nur eine Stadt in Italien – die Freiheit von Summerhill

„Ich werde Euch die Geschichte vom letzten Menschen auf Erden erzählen. Sie heißt: Die grüne Wolke."

Eine Gruppe von Neunjährigen sitzt auf dem Boden und hört gespannt zu, während ihr Lehrer erzählt. Ein dicker Millionär, eine Horde von Kindern und er selbst sind die einzigen Menschen, die einer todbringenden grünen Wolke entgehen. Was dann passiert, ist eine Geschichte voller Tapferkeit und Mut, aber auch gespickt mit Rücksichtslosigkeit, Gewalt und Grausamkeit. Denn der Lehrer wird während des Erzählens immer wieder von den kleinen Zuhörern unterbrochen. Sie sagen ihm, was sie hören wollen. Sie entwickeln die Geschichte gemeinsam mit ihm. Und sie wollen, dass es in der Geschichte ordentlich kracht.

Sie sind es gewohnt, ihre Meinung zu sagen, aber sie haben auch gelernt, anderen zuzuhören, zu diskutieren und am Ende einen Konsens zu finden. Denn sie besuchen Summerhill, die weltweit erste basisdemokratische Schule. Wo sonst könnte sich diese Schule befinden, als in England, dem Heimatland der modernen Demokratie?

Alexander Sutherland Neill wurde im ausgehenden 19. Jahrhundert als vierjähriger Knabe eingeschult. Damals herrschte an den Schulen noch eine harte Zucht, die Prügelstrafe war an der Tagesordnung, und die Lehrer forderten blinden Gehorsam. Als Neill dann im Alter von fünfzehn Jahren eine Zeit lang als Hilfslehrer arbeitete, verzweifelte er beinahe, weil er die Zöglinge nicht vor den harten Methoden der Lehrer bewahren konnte. Er fasste den Entschluss, etwas dagegen zu unternehmen und einen Meilenstein in der Pädagogik zu setzen. Statt Strafe und Zwang sollten vielmehr Spiel und Freude im Mittelpunkt des Lernens stehen. Neill schloss ein Studium ab und begab sich in den Schuldienst.

Als er dann von der „Neuen deutschen Schule“ in der Gartenstadt Hellerau bei Dresden hörte, war er begeistert. Denn diese Schule schien genau das zu versprechen, was ihm wichtig war. Er beschloss, seine pädagogischen Ideen dort in die Tat umzusetzen. Da er über ein beachtliches Vermögen verfügte, wurde er zum Geldgeber und Teilhaber der Schule.

Doch die deutschen Kollegen enttäuschten ihn schnell. Die kamen nämlich aus der populären Jugendbewegung jener Zeit und hingen enthusiastisch einer Ideologie an, die voller Verbote war. Alkohol, Tabak und Tanzen waren verpönt, das gerade aufkommende Kino und besonders die populären Slapstick-Filme Charlie Chaplins wurden als wertlos abgelehnt, weil sie alleine der Unterhaltung dienten. So hatte Neill sich das nicht vorgestellt. Die Ernsthaftigkeit und Humorlosigkeit der deutschen Kollegen stieß ihn ab. Er empfand sich als normalen Menschen, er wollte Bier trinken, rauchen und sein eigenes Leben führen. Die Kinder wollte er nicht zu dogmatisch verblendeten Wandervögeln formen, sondern es ihnen freistellen, ihre eigenen Ideale zu finden. Deshalb verließ er Deutschland wieder.

1921 gründete er auf einem Hügel in Südengland die Internatsschule „Summerhill“, die zwei Jahre später nach Leiston in Suffolk zog, wo sie noch heute existiert. Denn das Prinzip Summerhill hat alle Wirren der Zeit überstanden.

Das Internatsgebäude von Summerhill wirkt ein wenig wie die Villa Kunterbunt. Hier leben an die neunzig Kinder und Jugendliche im Alter zwischen fünf und siebzehn Jahren, und sie kommen aus der ganzen Welt. Die meisten sind aus Europa, etwa ein Viertel kommt aus Asien. Der Besuch des Internats von Summerhill ist keine übermäßig kostspielige Sache. Obwohl die Schule keinerlei staatliche Förderung erhält, liegen die Gebühren je nach Alter zwischen 10.000 und 20.000 Pfund im Jahr. Denn Luxus gibt es hier nicht. Die Lehrer begnügen sich mit bescheidenen Gehältern und leben in Bauwagen auf dem Schulgelände. Aber im Gegensatz zu ihren Schülern haben sie eine Pflicht zu erfüllen: Sie müssen zum Unterricht erscheinen.

Den Schülern ist das freigestellt. Denn Neill war der festen Überzeugung, dass Kinder gerne und freiwillig lernen, wenn man sie nur selbst darauf kommen lässt. Niemand zwingt sie deshalb, zum Unterricht zu kommen. So mancher Neuling in Summerhill genießt die ungewohnte Freiheit und erscheint monatelang nicht in den Schulstunden. Aber früher oder später kommen sie alle. Und wer aus freien Stücken in den Unterricht geht, der bringt eine ganz andere Motivation mit. So nehmen nur wirklich interessierte Schüler teil, und die verbreiten ein entsprechend angenehmes Lernklima. Damit kein Druck entsteht, verzichtet Summerhill nicht nur auf den Zwang zur Teilnahme am Unterricht, es gibt auch weder Hausaufgaben noch Zensuren oder Prüfungen. Für PISA-Studien bleiben die Internatstüren verschlossen, Pisa ist hier nur eine Stadt in Italien.

Die Reformpädagogik von Summerhill nahm man in Deutschland über viele Jahrzehnte hinweg nicht wahr. Doch als die Achtundsechziger neue Lebensansätze ausprobierten, da erschien das Hauptwerk A.S. Neills in Deutschland unter einem neuen Titel, der dem Zeitgeist sehr entgegenkam und prompt zum Bestseller avancierte: „Theorie und Praxis der antiautoritären Erziehung. Das Beispiel Summerhill". Die antiautoritäre Erziehung kam groß in Mode, und nach ihrem Scheitern legte man auch die Idee von Summerhill wieder ad acta. Dabei ist Summerhill gar nicht antiautoritär im Sinne von ohne Erziehung. Es basiert auf Freiheit, nicht auf Zügellosigkeit. Und deshalb braucht auch Summerhill feste Regeln.

Doch diese Regeln werden nicht von oben herab diktiert. In Summerhill herrscht das Prinzip der selbstregulativen Erziehung. Deshalb bestimmen die Schüler die Regeln selbst. Allwöchentlich kommen Lehrer und Schüler zusammen und legen allgemeingültige Vorschriften fest. Jeder hat dabei das gleiche Stimmrecht, es entscheidet die Mehrheit. Die Regeln stehen immer wieder neu zur Disposition, wodurch sich eine Dynamik von durchregulierten Zeiten und Zeiten der Anarchie entwickelt, wenn mitunter alle Regeln auf einmal abgeschafft werden.

Ein anderes Organ ist das ebenfalls wöchentlich tagende Tribunal, das sich genauso aus Lehrern und Schülern mit gleichem Stimmrecht zusammensetzt. Hier werden alle aktuellen Konflikte und Probleme angesprochen und gemeinsam wird ein Lösungsweg erarbeitet. Gewählte Ombudsleute und Schüleraufsichten kontrollieren die Einhaltung der Regeln und Absprachen. Schüler, die ein problematisches Verhalten zeigen, werden nicht bestraft und ausgegrenzt, sondern erhalten von der Gemeinschaft erhöhte Aufmerksamkeit, um so die Probleme gemeinsam zu lösen.

Das Ziel von Summerhill sind mündige Absolventen, frei von Vorurteilen, kreativ, verantwortungsvoll, empathisch und selbstbewusst. Und als Basis liegt ein fundamentaler Optimismus zugrunde, der Glaube daran, dass die Welt es wert ist, in ihr zu leben. A.S. Neill hat einmal gesagt, dass sich alle Verbrechen, aller Hass und alle Kriege auf das Unglücklichsein reduzieren lassen.

Doch 1999 drohte der Schule das Aus. Die Regierung von Tony Blair hielt eine Schule ohne Unterrichtspflicht für nicht tolerierbar und ordnete die

Schließung an. Die Schule zog vor den High Court in London und gewann. Denn Lernen, so beschied das Gericht, müsse nicht zwangsläufig immer im Unterricht stattfinden.

Nach dem Tod von A.S. Neill im Jahre 1973 übernahmen seine Frau und später seine Tochter die Leitung des Internats. Aus der Utopie ist Realität geworden, das Leben in Summerhill geht weiter. Nicht so im Kinderbuch „Die grüne Wolke“ von A.S. Neill. Nach vielen dramatischen Ereignissen stirbt hier einer nach dem anderen – übrig bleibt am Ende nur der Lehrer Neill als letzter Mensch auf der Erde. Die Kinder wollten es so. Und der Erfolg gab ihnen recht. Das Buch wurde ein Bestseller.

Knickerbocker Glory

***Zutaten pro Portion**: 2 Kugeln Vanilleeis, 1 Kugel Erdbeereis, 3 Erdbeeren, 1 Scheibe Honigmelone, 3 El Pfirsichsauce, 3 Esslöffel Schlagsahne, 1 Eiswaffel, 1 kandierte Kirsche, 1 El Nusssplitter*

***Zubereitung**: Die Erdbeeren waschen und vierteln, die Melone in mundgerechte Stücke schneiden. Dann beides in ein hohes, schmales Glas geben, die Eiskugeln darauflegen und mit der Pfirsichsauce übergießen. Die Schlagsahne darübergeben, mit Nusssplittern überstreuen. Zum Schluss die kandierte Kirsche daraufsetzen und die Waffel seitlich in die Sahne stecken.*

Ein typisch englischer Eisbecher, der in den Dreißigerjahren äußerst populär war und später von Harry Potter wiederentdeckt wurde.

Im Land der tausend Seen – das Lake District

Es ist das Jahr 1698. An den Bergen hängen schwere Nebelschwaden, kühler Nieselregen verwandelt die Luft in einen feuchten Schleier. Unten im einsamen Tal führt ein Pfad durch dichte Wälder aus hohen Farnen und sumpfiges Hochmoor. Hier reitet eine junge Frau im Damensattel auf einem braunen Zelter, sie hat sich fest in ihren Reisemantel gehüllt. Ihr folgt ein Diener auf einem zweiten Pferd, zusätzlich bepackt mit Satteltaschen. Es ist eine ungewöhnliche Reise.

Celia Fiennes lebt normalerweise in London bei ihrer Schwester. Sie ist wohlhabend und unabhängig, und weil sie es sich leisten kann, hat sie einen für ihre Zeit geradezu exotischen Entschluss gefasst: Sie will ganz England bereisen. Zu Pferd und allein, lediglich ein oder zwei Diener begleiten sie auf ihrem Weg. Von Cornwall im Südwesten Englands ist sie unterwegs nach Newcastle upon Tyne hoch im Nordosten des Landes und zurück nach London. Mehr als tausend Meilen legt sie auf ihrem Ritt insgesamt zurück, und sie wird damit zur ersten Touristin Englands. Denn ihre Reise dient allein dem Vergnügen, sie reist um des Reisens willen. Celia Fiennes interessiert sich für alles Neue, sie will alles sehen, was ihr Heimatland ihr zu bieten hat. Später wird sie ihre Erlebnisse in einem Buch notieren, das allerdings nur für sie selbst bestimmt ist. Erst knapp zweihundert Jahre danach wird es unter dem Titel „Through England on a Side Saddle“ veröffentlicht werden. Sie ist die erste Frau, die alle Grafschaften Englands bereist hat.

Von Kendal im Nordwesten Englands führt ihr Weg sie in die Berge. Sie muss über einen Pass reiten, den Kirkstone, und nun geht es wieder hinab durch das nebelige Tal, das in einen Ort namens Patterdale führt. Celia Fiennes staunt über die ungewöhnliche Landschaft. Sie scheint unwirtlich und sumpfig, und doch ist sie wunderschön. Neben dichten Eichenwäldern gibt es vor allem kahle Berge, Hochmoore mit Farnen und Heidekräutern, und in den Tälern liegen unzählige Seen. Es ist das Lake District.

Diese Landschaft wurde von den Eiszeiten geformt. Das schwer auf den weichen Schieferschichten des Untergrundes lastende Eis schuf zahllose Trogtäler. Die Berge hingegen bestehen aus härterem vulkanischem Gestein, das den Eismassen mehr Widerstand entgegensetzte. Seit der Gletscherschmelze sammelt sich das Regenwasser unten in den Tälern, wo die vom Eis komprimierten Schieferschichten es nicht versickern lassen. Und da kommt eine ganze Masse zusammen, denn das Lake District ist die feuchteste Region von ganz England. Die durchschnittliche jährliche Niederschlagsmenge bringt es auf stolze zwei Meter, in manchen Regionen sind es sogar fünf. Außerdem ist das Lake District eine äußerst windige und nebelige Gegend, die durchschnittliche Sonnenscheindauer liegt nur bei erbärmlichen zweieinhalb Stunden pro Tag. Da trösten die milden Temperaturen zwischen drei Grad im Winter und fünfzehn im Juli nur wenig.

Und trotzdem zählt das Lake District mit seinen geschätzten tausend Seen zu den reizvollsten Landschaften von England. Es ist auch der größte Nationalpark des Landes. In den einsamen Tälern gibt es ganze Wiesen von Sonnentau, in den Seen überleben seltene und bedrohte Fischarten. Das rote Europäische Eichhörnchen findet hier eines seiner letzten Rückzugsgebiete in England, wo es weitgehend vom amerikanischen Grauhörnchen verdrängt wurde. Und Englands einziges Steinadlerpaar lebt ebenfalls im Lake District.

Celia Fiennes war im wahrsten Sinne des Wortes eine Vorreiterin. Schon gute zwei Jahrzehnte später kam der Schriftsteller Daniel Defoe, der kurz vorher mit seinem Roman „Robinson Crusoe" berühmt geworden war. Auch er war unterwegs, um ganz England zu bereisen. Er war allerdings weniger begeistert vom Lake District und notierte, es sei die wildeste, kahlste und furchterregendste Gegend, die er im ganzen Land durchquert habe.

Trotzdem kamen seit Ende des 18. Jahrhunderts immer mehr Touristen ins Lake District. Denn das Fernweh griff zunehmend um sich, und die wohlhabende Elite des Landes konnte sich das Reisen auch erlauben. Auf dem europäischen Festland tobten aber ununterbrochen Kriege, weshalb man es vorzog, im eigenen Land zu bleiben.

Weitere englische Literaten trugen dazu bei, dass das Lake District einer großen Bevölkerungsschicht bekannt wurde. Der Dichter Thomas Gray veröffentlichte einen Reisebericht, sein Kollege William Wordsworth pries die Landschaft in romantischen Gedichten.

Dann machte sich 1778 ein Pfarrer ans Werk und verfasste den ersten Reiseführer für das Lake District. Er listete Punkte auf, von denen man einen schönen Ausblick genießen konnte, was wiederum dazu führte, dass findige Einheimische Gebäude für die Reisenden an diesen Stellen errichteten. Andere griffen die Idee des Pfarrers auf und verfassten weitere Reiseführer, und als schließlich ab Mitte des 19. Jahrhunderts die erste Eisenbahnlinie die Stadt Kendal am Südrand des Lake Districts erreichte, gab es kein Halten mehr. Waren auch die Eisenbahnlinien ursprünglich dazu gedacht gewesen, die Bodenschätze des Lake Districts wie Kupfer, Blei, Silber und Graphit abzutransportieren, so dienten sie doch schon sehr bald fast ausschließlich dem Tourismus. Auf den größten Seen nahmen Dampfschiffe den Betrieb auf.

In den Fünfzigerjahren des vergangenen Jahrhunderts erschien dann ein ausführlicher Reiseführer mit detaillierten Informationen über 214 Gipfel, handgezeichneten Karten und vielen Geschichten aus der Region. Der entwickelte sich zum Renner und wird noch heute von Urlaubern geschätzt. Nach dem Autor, Alfred Wainwright, werden die Gipfel „Wainwrights“ genannt und vielen ist es eine Herzensangelegenheit, jeden einzelnen dieser Gipfel zu erklimmen.

Der Bergbau im Lake District ist mittlerweile zum Erliegen gekommen. Lediglich verlassene Minen erzählen noch von dieser Zeit. Auch die Bleistifthersteller, die in der Folge des Graphitabbaus im Lake Distrikt ihre Produktionsstätten hatten, gibt es nicht mehr. Lediglich die Schafzucht hat die Zeit überstanden, und das ist auch wichtig. Denn die heimischen Herdwick-Schafe sorgen mit ihrem Verbiss für den Erhalt der typischen Landschaft. Sie sind die Gärtner des Lake Districts. Außerdem kommen sie ganz alleine in den Weiten der Landschaft zurecht, einen Hirten brauchen sie nicht. Dabei bleiben sie immer im gleichen Gebiet, weil ihnen das Herumstreunen fernliegt. Trotzdem haben die Schafbauern im Laufe der Jahrhunderte endlose Trockenmauern aufgeschichtet, die das ganze Lake District durchziehen und die Kulturlandschaft prägen.

Die Herdwick-Schafe sind robust und ihr langhaariges Fell liefert hervorragende Wolle. Die ist außerordentlich dickfaserig, und das mag der Grund sein, warum diese Schafe auch die unangenehmsten Wetterbedingungen überstehen. Es heißt sogar, dass sie drei Tage unter einer Schneedecke überleben können. Dann fressen sie ihre eigene Wolle.

Doch von der Schafzucht allein kann man heute kaum noch leben. Deshalb ist der Tourismus nun die Haupteinnahmequelle des Lake Districts.

Lamb with mint sauce –
Lamm mit Minzsauce

Zutaten für 4 Personen: *1 Lammkeule (ca. 1 kg, ohne Knochen), ½ Sellerieknolle, 2 Möhren, 2 Schalotten, 1 Stange Lauch, 700 ml trockener Weißwein, 2 Bund frische Minze, 1 Lorbeerblatt, 1 El schwarze Pfefferkörner, 1 El Dijonsenf, 1 Tl Zucker, 2 El Essig, Speiseöl, Salz, Pfeffer*

Zubereitung: *Die Lammkeule ringsum salzen, pfeffern und mit Küchengarn zusammenbinden. Sellerie, Möhren, Lauch und Schalotten schälen bzw. putzen und in kleine Stücke hacken.*

In einem Topf etwas Öl erhitzen und die Lammkeule darin anbraten, bis sie ringsum gebräunt ist. Dann das Gemüse hinzugeben und kurz mit anrösten. Mit dem Weißwein ablöschen und Lorbeerblatt, Pfefferkörner sowie 2 Zweige der Minze hinzugeben. Aufkochen lassen, dann die Hitze reduzieren und 2 ½ Stunden bei sehr schwacher Hitze simmern lassen.

Für die Sauce nach Ablauf von 1 Stunde 3 Tassen des Suds entnehmen. Durch ein Sieb in einen Topf geben, aufkochen lassen und um ¾ einreduzieren. Zucker, ½ Tl Salz, 2 El Speiseöl, Senf und Essig hinzugeben, leicht pfeffern, gut verrühren und vom Herd nehmen. Die restlichen Minzeblättchen von den Stielen lösen, fein hacken und unter die Sauce rühren. Mindestens 30 Minuten lang ziehen lassen.

Nach Ende der Garzeit die Lammkeule aus dem Topf nehmen, das Küchengarn vorsichtig entfernen, damit das Fleisch nicht auseinanderfällt. Sodann das Fleisch in dünne Scheiben schneiden und mit der Sauce servieren.

Dazu passen Pellkartoffeln oder Kartoffelpüree und grüne Erbsen, Möhren oder Bohnen.

Football's coming home – oder wie man die ganze Welt begeistert

Schon immer haben Menschen gerne gegen Bälle getreten. Und zwar überall auf der Welt. Bereits vor mehr als zweitausend Jahren taten es die Chinesen. Zunächst war ihr Ball noch mit Federn vollgestopft, aber zumindest aus Lederfetzen zusammengenäht. Das Spiel erfreute sich großer Beliebtheit, und irgendwann hatten die chinesischen Fußballer dann einen luftgefüllten Ball, Tore, Torhüter und sogar eine Art Profiliga. Dann allerdings geriet das Spiel in Vergessenheit.

In Mittelamerika traten Maya, Azteken und andere Völker gegen Kautschukbälle. Sie hatten Fußballplätze und feste Spielregeln, über die man heute nur noch wenig weiß.

In Frankreich kannte man schon vor Hunderten von Jahren ein dem Fußball ähnliches Spiel, und im Florenz des 15. Jahrhunderts gab es den „Calcio Storico“, ein raues Ballspiel mit ganzem Körpereinsatz.

Wer als erster auf die Idee kam, einen Ball durch die Gegend zu treten, lässt sich also nicht mehr feststellen. Und trotzdem gilt England als das Mutterland des Fußballs. Liegt das an der inbrünstigen, fast schon religiösen Liebe, mit der viele Engländer an ihrer Fußballmannschaft hängen? Wohl kaum. Denn dann wären zumindest auch Deutschland und Italien ernsthafte Kandidaten für die Urheberschaft des Spiels.

Schon seit dem Mittelalter gab es auch in England Spiele mit Bällen. Ein schriftliches Zeugnis aus dem Jahr 1170 belegt, dass Londons Jugend sich auf den Feldern zum Ballspiel traf, wobei es mehrere Mannschaften gab, die gegeneinander antraten. König Edward II. spricht 1314 erstmals von „Football". Im ganzen Land hatte sich nämlich ein besonderer Wettkampf verbreitet: Es traten jeweils zwei benachbarte Dörfer gegeneinander an, und Ziel der Spieler war es, den Ball über die Grenze des Nachbardorfs zu schießen. Spielfeld war die gesamte Landschaft zwischen den Dörfern, auch wenn sie meilenweit auseinander lagen. Und erlaubt war alles. Oft kam es im Eifer des Gefechts zu üblen Verletzungen. Ein Relikt dieses Spiels ist das „Cornish Hurling", das noch heute in einigen Dörfern von Cornwall gespielt wird.

Doch wegen seiner Brutalität wurde das Spiel von Kirche und Krone unterbunden. Mit der Industrialisierung verschwand es deshalb allmählich. Aber zur gleichen Zeit begannen die höheren Lehranstalten, Wert auf die körperliche Ertüchtigung ihrer Zöglinge zu legen. Neben anderen Mannschaftssportarten, die den Teamgeist schulen sollten, hielt man die jungen Männer hier auch zum Fußballspiel an.

Für lange Zeit gab es keine einheitlichen Regeln, weshalb die Teams der verschiedenen Colleges nicht gegeneinander antreten konnten. Das war natürlich ein blödes Handicap, deshalb fassten im Jahr 1848 ein paar Studenten aus Cambridge den Plan, für Abhilfe zu sorgen und schrieben ein erstes Regelwerk zusammen. Mit Folgen: Neun Jahre später gründeten Sportler aus Sheffield den weltersten Fußballverein. 1863 schlossen sich die Anhänger des Spiels dann zu einer landesweiten Vereinigung zusammen, der Football Association mit Sitz in London. Hier wurde von nun an das einheitliche Regelwerk geführt und weiterentwickelt.

Schon in den ersten Jahren wurde die Abseitsregel festgeschrieben, es wurden Tornetz, Schiedsrichter, Linienrichter, Eckball, Strafstoß, Einwurf und Freistoß eingeführt. Die Zahl der Spieler wurde auf elf begrenzt, das Handspiel verboten und die genaue Ballgröße festgelegt.

Noch vor der Wende zum 20. Jahrhundert kamen Foulspiel, Flutlicht und Verlängerung hinzu. Und das alles hat schließlich zu der Art von Fußball geführt, wie er heute weltweit gespielt wird.

Weil es nun immer mehr Vereine in England gab, hob man 1888 die Fußballliga aus der Taufe. Unter dem Namen „Football League First Division“ war sie bis zur Saison 1991/1992 Englands höchste Spielklasse, danach wurde sie von der Premier League abgelöst. In den ersten beiden Jahren ging der Meistertitel an Preston North End, 24 Vereine hatten damals an den Wettkämpfen teilgenommen. Für die schwächeren Vereine gab es seit 1892 die Second Division. Die beiden besten Teams konnten nach einer Saison aufsteigen, während die schlechtesten Mannschaften aus der ersten Liga absteigen mussten. Ab 1899 waren bezahlte Vereinswechsel von Spielern erlaubt, der Höchstbetrag wurde auf zehn Pfund begrenzt.

Und nun ist klar, dass die Ehre, den modernen Fußball erfunden zu haben, den Engländern gebührt. Denn in Deutschland begann man erst zehn Jahre nach Gründung der englischen Football Association damit, überhaupt Fußball zu spielen. Und es waren mehrheitlich nur Gymnasiasten, die den englischen Sport übernahmen. Denn Sport galt damals noch als Privileg der feinen Leute. Es dauerte bis in die Achtzigerjahre des 19. Jahrhunderts, bis die ersten deutschen Fußballvereine gegründet wurden. Die Bundesliga gibt es erst seit der Saison 1963/64.

Obwohl England mit Schottland, Wales und Nordirland eine Staatsgemeinschaft bildet, hat jeder Landesteil seine eigene Liga und stellt auch jeweils eine eigene Nationalmannschaft. Heute gehören Englands Premier League zwanzig Teams an. Die fußballerisch engagierteste Stadt ist London mit sechs Spitzenvereinen, darunter der FC Chelsea, der FC Arsenal und Tottenham Hotspur. Weitere Spitzenvereine sind Birmingham City, die Wolverhampton Wanderers, Manchester United, Coventry City, der AFC Sunderland, Newcastle United, Leeds United und die beiden legendären Vereine der Stadt Liverpool, der FC Everton und der Liverpooler FC.

Womit wir wieder bei Liverpool wären.

FRUITY CHEDDAR AND CIDER PIE

Zutaten: *400 g Aprikosen, 180 g Mehl, 60 g Zucker, 100 g Butter (Zimmertemperatur), 200 g Double Cream (Crème double), 100 ml Cider (Apfelwein), 1 Ei, 5 El Apfelgelee, 70 g Cheddar, 2 El Weizengrieß, 1 Prise gemahlene Nelken, Salz, Butter zum Einfetten*

Zubereitung: *Den Cheddar grob reiben. Das Mehl in eine Schüssel geben und 75 g Butter dazugeben. Mit den Händen vermengen, bis eine streuselartige Masse entstanden ist. Dann den Cheddar und 3 El sehr kaltes Wasser untermischen. Kräftig kneten, der Teig soll krümelig und blättrig sein. In Frischhaltefolie wickeln und 30 Minuten lang in den Kühlschrank legen.*

Die Aprikosen waschen, entsteinen und in kleine Würfel schneiden. In einem Topf 25 g Butter zerlassen und den Zucker darin schmelzen. Die Aprikosen hinzugeben, mit Nelkenpulver und einer Prise Salz würzen und kräftig andünsten. Dann mit dem Cider ablöschen, aufkochen und bei reduzierter Hitze so lange köcheln lassen, bis die gesamte Flüssigkeit verdampft ist. Jetzt 2 El Apfelgelee unterrühren und abkühlen lassen. Nun den Teig zwischen zwei Bögen Backpapier ca. 3 cm dick ausrollen und von ¾ des Teigs Kreise von ca. 7 cm Durchmesser ausstechen. In eingefettete Muffinformen hineindrücken, aus dem restlichen Teig Kreise für die Deckel ausstechen und jeweils ein kleines Loch in die Mitte stechen. Auf den Boden jedes Pies etwas Gries streuen und dann die Aprikosenmasse darauf verteilen. Das Ei verquirlen und jeweils den Teigrand damit einpinseln, dann die Deckel aufsetzen und mit dem restlichen Ei bestreichen. Noch einmal 30 Minuten kalt stellen, dann bei 200°C im vorgeheizten Backofen 30 Minuten lang backen. Danach noch 10 Minuten in der Form ruhen lassen. Die Double Cream mit dem restlichen Apfelgelee verquirlen und zu den warmen Pies servieren.

Die Auferstehung des Phoenix – Liverpool im dritten Jahrtausend

Im Sommer 2014 kehrte ich nach Liverpool zurück. Um der Wahrheit die Ehre zu geben, muss ich zugeben, dass ich meiner Familie zeigen wollte, wie abgrundtief hässlich diese Stadt ist. Unser Hotel lag in einer nicht besonders reizvollen Seitenstraße der Innenstadt, ganz in der Nähe des Albert Dock. Das sind die alten Lagerhäuser am Hafen von Liverpool. Nach dem Einchecken machten wir uns zu Fuß auf den Weg zum Ufer des Flusses Mersey, der dort entlangfließt. Noch war ich guter Dinge, meine Familie wie geplant mit der morbiden Trostlosigkeit einer heruntergekommenen Stadt schockieren zu können.

Als wir die Waterfront erreichten, begann sich der Abend über Liverpool zu senken. Mit Pastelltönen verabschiedete sich ein strahlend schöner Sommertag und tauchte die Fassaden der Gebäude in märchenhafte Farben. Im spiegelglatten Wasser des Hafenbeckens begannen die aufleuchtenden Lichter der Stadt sich tausendfach zu reflektieren. Ich stand still und staunte. Nichts war wie früher.

In den vergangenen Jahren sind in Liverpools City zahlreiche neue Gebäude hochgezogen worden. Dabei haben die Bauherren Mut und Kreativität bewiesen, denn diese Gebäude sind höchst extravagant. Von spacig bis pfiffig, von schwungvoll bis bizarr, es ist alles dabei. Diese gewagte Mischung der unterschiedlichsten hochmodernen

Architekturprojekte fügt sich mit den altehrwürdigen viktorianischen Prachtbauten zu einem fantastischen Gesamtbild zusammen. Man fühlt sich wie nach Manhattan versetzt. Tatsächlich hat Liverpool schon in so manchem Film als Double für New York herhalten müssen. Aber auch für Chicago, Paris oder Moskau. Ich muss unumwunden gestehen, dass mich selten ein Stadtbild so fasziniert hat wie das von Liverpool 2014.

Die Hafenanlagen um das Albert Dock wurden einer umfassenden Renovierung unterzogen und beherbergen nun unter anderem Restaurants, Hotels und Bars. Das Dock gehört als Teil des maritimen Handelshafens zum UNESCO Weltkulturerbe und ist Liverpools Hauptattraktion.

Es ist auch Liverpools Museumszentrum. Hier gibt es eine Zweigstelle der Londoner Tate Gallery, in der moderne Kunst gezeigt wird. Im Merseyside Maritime Museum lassen die Exponate die achthundertjährige Geschichte der Schifffahrt Liverpools lebendig werden, und das Sklavereimuseum erinnert an die weniger erfreuliche Vergangenheit. Das Museum of Liverpool liegt den Docks vorgelagert am Flussufer. Es wurde erst 2011 eröffnet, das futuristische Gebäude ist ein Werk des dänischen Architekten Kim Herfoth Nielsen.

Bei den Albert Docks gibt es auch eine große Multifunktionsarena, Anlegeplätze für Kreuzfahrtschiffe und ein Riesenrad, von dem aus man die Faszination der Skyline aus luftiger Höhe bewundern kann. Auf der anderen Seite der Docks geht es vorbei am Liver Building zum Pier Head, wo die Fähren über den River Mersey ablegen und ein Mahnmal an die versunkene Titanic erinnert.

Im Albert Dock befindet sich auch „The Beatles Story“ – die Zeiten, in denen Liverpool seine berühmtesten Söhne nicht zu würdigen wusste, sind lange vorbei. Das Museum nimmt seine Besucher mit auf eine beeindruckende, sehr lebendige und emotionale Zeitreise durch die verschiedenen Etappen der Karriere der Band. Ein Stück weiter werden am Ufer des Mersey in einem kubistischen Neubau weitere Beatles-Ausstellungen gezeigt.

Die Beatles begegnen dem Besucher Liverpools ohnehin überall. Schon am Flughafen, der seit 2002 den Namen „Liverpool John Lennon Airport“ trägt, erwarten den Reisenden zahlreiche Textpassagen des Poeten der Beatles („above us only sky“), eine Bronzestatue John Lennons und die legendäre Yellow Submarine aus dem gleichnamigen Film der Band. In der Stadt selbst gibt es einen Nachbau des U-Bootes und auch der Cavern Club ist wieder da, stilecht in der düster-verruchten Mathew Street. Mit der „Magical Mystery Tour“ können sich Fans zu allen Schauplätzen der Beatlesgeschichte fahren lassen, zu Elternhäusern und Schulen, zu den Strawberry Fields und in die Penny Lane. Und das lebhafte Bar- und Partyleben der Stadt trägt auch den vielen anderen Rockbands Rechnung, die die lebendige Musikszene Liverpools hervorgebracht hat und weiter hervorbringt. Denn tatsächlich sind in Liverpool die mit Abstand meisten Nummer-Eins-Hits der britischen Charts entstanden. Deshalb gibt es in der Mathew Street außer dem Cavern Club auch eine „Wall of Fame", an der für jeden Hit eine goldene Schallplatte montiert wurde.

Wohl keine andere englische Stadt hat sich in den vergangen Jahren so gemausert wie Liverpool. Das gesamte Stadtzentrum wurde saniert und erstrahlt nun frisch und modern, optimistisch und zukunftsweisend. Die Fassaden der alten Bürgerhäuser wurden renoviert, die Gehwege neu gestaltet. Die Stadt hat viel Geld und Energie in die Förderung von Kunst und Kultur gesteckt, mit dem Erfolg, dass sie 2008 zur Europäischen Kulturhauptstadt gekürt wurde.

Da gibt es zum Beispiel die Superlambanana des japanischen Künstlers Taro Chienzo. Diese gigantische Kreuzung aus Lamm und Banane entwarf er 1998 für die Wiedereröffnung der Tate Gallery Liverpool. Sie soll symbolisch auf die Gefahren der Gentechnik aufmerksam machen, ihr Bezug zu Liverpool erklärt sich durch die Waren Lammfleisch und Banane, die hier am Hafen umgeschlagen werden.

Wie es mit der thematischen Abstraktion in der modernen Kunst nun mal so ist, war die Superlambanana zunächst heftig umstritten. Doch als Liverpool Europäische Kulturhauptstadt wurde, ließ die Stadt 125 verkleinerte und kreativ veränderte Ausgaben der Skulptur im ganzen Stadtgebiet aufstellen. So ist aus dem Bananenlamm das Symbol des neuen Liverpool geworden.

Wir sind dann quer durch die Stadt gefahren, um zu sehen, was aus dem Rest geworden ist. Die schrecklichen Slums bei der Universität wurden abgerissen und haben gepflegten modernen Gebäuden Platz gemacht. Überall gibt es Mülleimer, die früher so allgegenwärtigen Abfallhaufen sind verschwunden. Selbst in den ärmeren Stadteilen wirkt Liverpool alles andere als heruntergekommen. Woolton, die Gegend, in der ich in den Achtzigerjahren wohnte, hat einen fast dörflichen Charakter, und überall grünt und blüht es. Ein Haus von der Art dessen, in dem ich damals wohnte, hat jetzt einen Wert von rund 350.000 Pfund. Ist ein Wunder geschehen?

Tatsächlich erholt sich auch Liverpools Wirtschaft allmählich vom Niedergang in den Siebziger- und Achtzigerjahren. Besonders die Bereiche Dienstleistung und Tourismus boomen. Es ist verblüffend, wie viele Restaurants man in Liverpool findet. Noch erstaunlicher ist es – zumindest für mich – dass man da wirklich gut isst.

Drei Universitäten kümmern sich um die qualifizierte Ausbildung der jungen Menschen. Das Institut für Tropenmedizin – übrigens das weltweit erste seiner Art – genießt ein äußerst hohes Renommee. Liverpool ist die einzige Stadt Englands, die mit ihren Fußballclubs seit Gründung der Premier League ständig mindestens einen Erstligisten stellte. Es gibt Niederlassungen großer

Finanzinstitute und Behörden, in einem Vorort werden Jaguars und Land Rover montiert. Und dennoch gehört Liverpool noch immer zu den zehn ärmsten Städten Großbritanniens. Die Arbeitslosenquote liegt bei deprimierenden 25 Prozent.

Aber die Stadt blickt trotzdem optimistisch in die Zukunft. Und ich finde, sie ist auf dem richtigen Weg.

Sausage rolls – Wurströllchen

Zutaten für 4 Personen: *500 g Tomaten, 2 Zwiebeln, 500 g Mett, 1 Packung Fertigblätterteig, 1 Ei, 100 g Cheddar, 6 Blätter Salbei, 1 Chilischote, 1 Stück Ingwer, 70 g Zucker, 2 El Tomatenmark, 1 El Senf, 1 El Paniermehl, 2 El Essig, Speiseöl, Cayennepfeffer, Kreuzkümmel, Muskatnuss, Pfeffer, Salz*

Zubereitung: *Die Tomaten waschen und würfeln, Zwiebeln schälen und fein würfeln. Ingwer schälen und reiben, es werden 2 El davon benötigt. Chili waschen, die Kerne entfernen und fein hacken.*

In einem Topf den Zucker erhitzen und karamellisieren lassen. Dann die Tomaten, Ingwer, Chili, Tomatenmark, Essig, Senf und die Hälfte der Zwiebeln hinzugeben. Aufkochen und 20 Minuten lang bei reduzierter Hitze köcheln lassen, dabei immer wieder rühren. Mit Salz, Pfeffer, Cayennepfeffer, Kreuzkümmel und Muskatnuss abschmecken, anschließend abkühlen lassen.

In einer Pfanne etwas Öl erhitzen und die restlichen Zwiebeln darin bräunen. Die Salbeiblätter klein hacken und hinzugeben, dann abkühlen lassen. Das Mett in eine Schüssel geben. Mit den Salbeizwiebeln und dem Paniermehl verkneten, mit Pfeffer und Muskatnuss würzen. Den Blätterteig entrollen und die Platten jeweils der Länge nach halbieren.

Längs auf jede der Platten nun mittig und wurstförmig die Mettmasse legen, die Platten darum herumrollen und an der Schnittstelle gut zusammendrücken, sodass lange Blätterteigwürste entstehen. Diese nun in ca. 6 cm lange Stücke schneiden und auf ein mit Backpapier ausgelegtes Backblech legen. Die Enden etwas zusammendrücken. Das Ei verquirlen und die Oberseite der Wurströllchen damit bestreichen. Den Käse reiben und darüberstreuen.

Den Backofen auf 200°C vorheizen und die Röllchen darin ca. 25 Minuten lang goldbraun backen. Mit dem Tomatenchutney servieren.

APPLE-WALNUT-PIE

Zutaten: *1,5 kg saure Äpfel, 280 g Zucker, 100 g Walnusskerne, Saft von ½ Zitrone, ½ l Weißwein, 1 Pck. Vanillezucker, 80 g Rosinen, 1 Pck. Vanillepudding zum Kochen, 330 g Mehl, 1 Eigelb, 180 g kalte Butter, 2 El Semmelbrösel, Salz, Butter zum Einfetten*

Zubereitung: *Die Äpfel schälen, entkernen und in kleine Stücke schneiden. Mit dem Wein, Zitronensaft, 130 g Zucker und dem Vanillezucker in einem Topf aufkochen und dann bei schwacher Hitze 5 Minuten lang köcheln lassen. Nun durch ein Sieb gießen, die Flüssigkeit auffangen, 400 ml davon abmessen und in einem Topf aufkochen lassen. Das Puddingpulver mit 5 EL Wasser gut vermischen und mit dem Schneebesen hineinrühren. Unter Rühren 2 Minuten lang kochen lassen, dann vom Herd nehmen und Äpfel und Rosinen untermischen. Ganz abkühlen lassen.*

Die Nüsse klein hacken. In einer Schüssel das Mehl, den restlichen Zucker, Eigelb, Nüsse, 1 Prise Salz und die in Stücke geschnittene Butter zu Streuseln verarbeiten. Eine Pieform von ca. 26 cm Durchmesser mit Butter einfetten und ¾ der Streusel hineingeben, gut am Boden andrücken und seitlich einen Rand hochziehen. Die Apfelmasse hineinfüllen und die restlichen Streusel darüberstreuen. Im auf 180°C vorgeheizten Backofen etwa 45 Minuten lang goldbraun backen.

Liebe Leser,

ich hoffe, Ihnen hat unser Ausflug nach England gefallen. Versäumen Sie nicht die Fotos aus England auf ***www.almutirmscher.de****!*
Natürlich freue ich mich über Ihre Tipps, Hinweise oder Anregungen und beantworte auch gerne Ihre Fragen. Schreiben Sie mir einfach:
kontakt@almutirmscher.de*.*

Haben Sie Themen vermisst? Es gibt viele Geschichten aus England zu erzählen. Deshalb werde ich mit weiteren Lesebuch-Bänden in dieses schöne Land zurückkehren. Lassen Sie sich überraschen!
Zum Schluss habe ich noch eine kleine Bitte: Teilen Sie Ihre Eindrücke mit anderen Lesern und schreiben Sie eine kurze Rezension auf amazon.de. Ich freue mich darauf, Ihre Meinung zu erfahren. Vielen Dank und…

Farewell! See you in England!

Ihre
Almut Irmscher

Die Reihe der Lesebücher von Almut Irmscher wird fortgesetzt. Bisher sind erschienen:

Das Italien-Lesebuch:
Impressionen aus dem Land der Sehnsucht
ISBN-10: 1492770221 ISBN-13: 978-1492770220

und der zweite Band:

Das Italien-Lesebuch:
Neue Impressionen aus dem Land der Sehnsucht
ISBN-10: 1495928187 ISBN-13: 978-1495928185

Das Toskana-Lesebuch
Impressionen und Rezepte aus dem Land von Kunst und Genuss
ISBN-10: 1500960519 ISBN-13: 978-1500960513

Das Sizilien-Lesebuch
Impressionen und Rezepte von der Insel der Götter
ISBN-10: 1534689974 ISBN-13: 978- 1534689978

Das Hamburg-Lesebuch
Impressionen und Rezepte aus der Hafenmetropole
ISBN-10: 1514288001 ISBN-13: 978- 1514288009

Das Nordsee-Lesebuch
Impressionen und Rezepte von der deutschen Nordseeküste
ISBN-10: 150880110X ISBN-13: 978-1508801108

Das Ostsee-Lesebuch
Impressionen und Rezepte von der deutschen Ostseeküste
ISBN-10: 1511859997 ISBN-13: 978-1511859998

Das Bayern-Lesebuch
Impressionen und Rezepte aus dem Land südlich des Weißwurst-Äquators
ISBN-10: 1503264750 ISBN-13: 978-1503264755

Das bergische Lesebuch:
Impressionen und Rezepte aus dem Bergischen Land
ISBN-10: 1516835581 ISBN-13: 978- 1516835584

Das Österreich-Lesebuch
Impressionen und Rezepte aus dem Land von Walzertakt und Mozartkugeln ISBN-10: 151888914X ISBN-13: 978-1518889141

Das Schottland-Lesebuch
Impressionen und Rezepte aus Highlands und Lowlands
ISBN-10: 1499608969 ISBN-13: 978-1499608960

und der zweite Band:
Das Schottland-Lesebuch
Impressionen und Rezepte von einer Reise durch das Land der Moore und Mysterien
ISBN-10: 1530766478 ISBN-13: 978-1530766475

Das England-Lesebuch
Impressionen und Rezepte aus dem Land der Traditionen
ISBN-10: 1502714612 ISBN-13: 978-1502714619

Das Cornwall-Lesebuch
Impressionen und Rezepte aus dem Pilcher-Land
ISBN-13: 978-1499155228 ISBN-10: 1499155220

Das Dänemark-Lesebuch:
Impressionen und Rezepte aus dem Land des Glücks
ISBN-10: 1507647336 ISBN-13: 978-1507647332

Das Provence-Lesebuch
Impressionen und Rezepte aus dem Land des Lichts
ISBN-10: 1500305596 ISBN-13: 978-1500305598

Das Rhein-Lesebuch
Impressionen und Rezepte aus Stadt und Land am großen Fluss
ISBN-10: 1523690275 ISBN-13: 978- 1523690275

Romane von Almut Irmscher:

Aus Lippstadt – eine Reise ohne Ziel
ISBN-13: 978-1507786574 ISBN-10: 1507786573

Bunga Bunga - ein wirklich böser Mafia-Roman
ISBN-10: 1496097041 ISBN-13: 978-1496097040

Wie die Libelle in der Wasserwaage - Roman
ISBN-10: 1495437396 ISBN-13: 978-1495437397

Es wird gegessen, was auf den Tisch kommt!
– ein biografischer Roman aus der Küche.
ISBN-10: 1506175171 ISBN-13: 978-1506175171

Alle Bücher sind als Taschenbuch oder zum Download für den Kindle erhältlich.

Aktuelle Informationen zu Neuerscheinungen auf
www.almutirmscher.de

Ich danke allen, die mich mit Tipps und Anregungen unterstützt haben.
Besonders danke ich meinem Mann Ulrich Otto, ohne seinen Rat, seine Korrekturen, seine Aufmunterungen und seine ständige Bereitschaft, mir alle Hindernisse aus dem Weg zu räumen, wäre meine Arbeit nicht möglich.
Und natürlich danke ich meiner Freundin Gunhild Hexamer, die die Entstehung meiner Bücher stets engagiert mit ihren Hinweisen, Korrekturen und Anregungen begleitet. Gunhild ist selbst Autorin, wenn Sie sich für Nordamerika interessieren, dann empfehle ich Ihnen ihre Bücher

Gunhild Hexamer - **Arizona erleben:**
33 Geschichten aus dem Land des Grand Canyon
ISBN-10: 1508805911 ISBN-13: 978-1508805915

Gunhild Hexamer - **Kalifornien erleben:**
33 Geschichten aus dem Land der Superlative
ISBN-10: 1530104297 ISBN-13: 978-1530104291

16465499R00127

Printed in Poland
by Amazon Fulfillment
Poland Sp. z o.o., Wrocław